CW01665839

LE FANTÔME DE TRUFFAUT

Une initiation au cinéma

Cet ouvrage est publié
avec l'aide de la Fédération Wallonie-Bruxelles

Mise en pages : Mélanie Dufour

Couverture : François Truffaut dans *La Chambre verte*.
Photo © Dominique Le Rigoleur

Quatrième de couverture : Carmen Chaplin dans *Regarde-moi*.
Photo © Frédéric Remouchamps

© Les Impressions Nouvelles – 2013
www.lesimpressionsnouvelles.com
info@lesimpressionsnouvelles.com

Frédéric Sojcher

LE FANTÔME DE TRUFFAUT

Une initiation au cinéma

LES IMPRESSIONS NOUVELLES

À Olivier Hennebert, Marc Isgour et Frédéric Remouchamps,
les trois mousquetaires

« Un tournage de film, ça ressemble exactement au trajet
d'une diligence dans le Far West ; d'abord on espère faire un
beau voyage et puis très vite on se demande
si on arrivera à destination. »

François Truffaut, dans *La Nuit américaine*

L'enfance

J'ai trois ans. Paul Danblon cherche un enfant suffisamment turbulent pour un reportage sur les hyperactifs. Papa et maman connaissent Paul Danblon, il officie à la télévision, ils acceptent sa proposition. Sur le tournage, j'essaie d'attraper la perche. Les rushes, inutilisables.

J'ai six ans. Bobonne Ida m'emmène au cinéma, tous les mercredis. Une salle de quartier qui présente deux films, un Zorro et un Louis de Funès. Un Tarzan et *La grande illusion*. Un Robin des Bois et un Charlot. Un western et *Zazie dans le métro*. Tombola. Si le numéro du ticket d'entrée se termine par le bon chiffre, chocolat glacé gratis.

Dans la salle de classe, quand le maître tourne le dos, nous faisons semblant, Serge et moi, de filmer. Nous mimons avec nos mains le mouvement de la caméra à manivelle vue dans le film de Buster Keaton. Nous nous esclaffons. Le maître se retourne et nous punit. Au coin.

L'audition

Je suis chez bobonne Ida, quand à la télévision passe l'annonce de casting pour un film français qui se tourne en Belgique. On recherche des garçons de 12 ans. Je veux m'y présenter, même si je n'ai pas l'âge. Note l'adresse, où il faut aller. Bobonne Ida m'accompagne au Hilton. Bertrand Blier, le réalisateur, et son assistant me reçoivent. Blier choisit Riton Liebman pour jouer le rôle principal aux côtés de Gérard Depardieu, Patrick Dewaere et Carole Laure, parce qu'il a le culot de venir seul à l'audition. Je suis retenu comme figurant. Ida est fière. *Préparez vos mouchoirs*. C'est le titre du film.

Jacques et Frédéric Sojcher. Photo Katina Avgouloupis

Patrick Dewaere

Bobonne Ida meurt. Je suis chez Ernst, à son anniversaire, quand maman me l'annonce. Maman vient me chercher à la place de papa. Papa, c'est la première fois que je le vois pleurer.

Devant le bus, maman. Le tournage a lieu dans les Ardennes, où on nous emmène. Maman s'inquiète des mines lubriques des adolescents choisis comme figurants.

Sur le plateau de *Préparez vos mouchoirs*, je parle à Patrick Dewaere des films vus avec bobonne Ida. « Je veux faire du cinéma. » Il est l'une des plus grandes stars françaises, il s'étonne de ma cinéphilie, de la passion avec laquelle je lui parle des films sans me soucier de sa notoriété. Il m'encourage à vivre mes rêves. Il dit : « Le cinéma est un art de combat. »

Carole Laure

Une rumeur parmi les figurants : Carole Laure n'a pas de culotte. Je m'approche d'elle autant que possible, profitant de l'attention que me porte Patrick Dewaere, je laisse tomber des objets par terre, n'importe quoi, un stylo, ma montre, pour tenter de voir sous sa jupe.

Je reviens à la maison avec mon salaire de figurant, fier comme Artaban.

Christian Bourgois

Maman, cordon bleu, reçoit les amis parisiens de papa, à Bruxelles.

Christian Bourgois publie *La Démarche poétique* aux éditions 10/18 sans le lire, parce qu'il aime bien le titre. Il pose à peine ses fesses sur le canapé du salon que je l'interpelle. Je n'ai pas 12 ans et je veux une publication, moi aussi. Cela le fait rire. Chaque fois qu'il voit papa, à Paris, il s'enquiert de mes nouvelles… « Sur ce que je fais, il ne demande rien », me dit papa.

Christian Bourgois porte toujours des lunettes noires, on ne voit pas son regard, il impose une distance, il m'impressionne.

La frontière

Dans le TEE, des douaniers contrôlent cartes d'identité et passeports, demandent d'ouvrir les valises. Papa revient de Paris avec une veste en cuir, achetée chez un grand couturier, sac à l'emblème de la marque. Le douanier lui demande : « Combien coûte cette veste ? » Si c'est plus de 2000 francs français, papa doit s'acquitter d'une taxe. Pas le droit d'acheter pour plus de 2000 francs de marchandises sans les déclarer. « Profession ? », lui demande le douanier. « Philosophe », répond papa. « Ça va, c'est bon pour cette fois. » Est-ce de l'admiration ou du dégoût ?

L'Europe, à ses balbutiements.

La maîtresse de papa

Elle habite à Neuilly. Nous logeons chez elle. Maman déteste les animaux de compagnie. J'adore son chien, jouer avec lui, lui envoyer la balle, voir sa queue se balancer, son souffle haleter. C'est une découverte, dormir avec une bête, lovés.

Papa nous emmène à *La Closerie des Lilas*. Elle me demande : « Sais-tu ce que cela veut dire, faire du pied ? » Il faut d'abord effleurer le pied de la femme à séduire. Si pas de rejet, poursuivre. Appréhender comment elle réagit, s'il y a une réaction d'encouragement, de désagrément ou d'indifférence. Attention, ne pas se laisser abattre par un visage impassible. Ne pas montrer son désir, son degré d'acceptation à se faire courtiser, fait partie de l'éternel féminin. Jeu entre ce qui se passe sous la table (les pieds qui se touchent) et au-dessus de la table (les conversations se poursuivent, les autres convives ne remarquent rien). Elle se met à la place de l'homme et me montre.

L'identité

Devant l'église Saint-Germain-des-Prés, à côté de la bouche du métro, papa accosté par un inconnu : « Mais je vous connais, vous. » Distrait par cette apostrophe, un deuxième homme le bouscule, tandis qu'un troisième en profite pour lui dérober son portefeuille. Pickpockets. Les trois complices disparaissent avant qu'il n'ait le temps de se rendre compte de ce qui se passe. Dans le portefeuille, la seule photo qu'il ait d'Aaron, son père. Il pose des affichettes le long des grilles de l'église Saint-Germain et dans le métro, il paie des annonces dans les journaux promettant aux voleurs une récompense s'ils lui remettent la photo d'identité.

Pas de réel sans père.

Jacques Lacan

Il a rendez-vous avec Jacques Lacan. Il lui expose son projet, il a dix minutes. Lacan de temps à autre hoche la tête. Il donne les dates du colloque et s'excuse pour la modicité des émoluments.

« Bien », dit le psychanalyste. « Mais vous avez quelque chose pour moi, là ? »

Silence.

« 500 francs ? »

Il ne comprend pas ce que Lacan lui veut.

« 300 francs, alors ? »

« Désolé, je n'ai pas d'argent sur moi. »

« Alors foutez-moi le camp. » La secrétaire de Lacan poursuit papa, s'excusant pour la confusion, il l'a pris pour un patient. Les lacaniens donnent leur interprétation. Jacques Lacan dirait : « Foutez-moi Lacan », c'est une formidable déclaration d'amour.

Catherine Deneuve et Bo Derek

Catherine Deneuve, fantasme. Son côté froid. Bourgeois. Petit tic, elle pince les lèvres. La maîtresse de papa lui ressemble. Pas physiquement. Par son air hautain et féminin. Parisienne.

Ernst vient souvent à Paris. Son père est dans l'import/export. Nous parcourons l'annuaire et nous tombons sur elle : Catherine Deneuve, adresse et téléphone. On l'appelle ? Chiche. « Mais qu'est-ce que tu vas lui dire ? », s'inquiète Ernst. « Que je veux la voir, que je suis venu exprès de

Bo Derek dans *10* de Blake Edwards

Bruxelles pour ça. » Il prend l'écouteur et le colle à l'oreille – les appareils téléphoniques permettent d'être à deux à écouter une conversation. Je tombe sur une femme agacée qu'on la prenne pour l'actrice, ce n'est pas de sa faute si Catherine Deneuve a ce pseudonyme, car ce n'est pas le VRAI nom de l'actrice, c'est son vrai nom À ELLE.

Dans la salle de cinéma du Drugstore Publicis Saint-Germain-des-Prés, *10*, de Blake Edwards. Interdit au moins de treize ans. Le protagoniste tombe amoureux d'une femme le jour où elle se marie. Il mène l'enquête pour savoir qui elle est. Elle part en voyage de noces et il la suit. Il sauve de la noyade son mari. Elle se donne à lui, sur la musique du Boléro de Ravel. Aucun problème de conscience, aucun frein à faire l'amour si elle en a envie.

10/10, la note qu'il lui donne. Catherine Deneuve se faufile dans la salle. Elle veut voir à quoi elle ressemble, Bo Derek. Elle s'assied dans la même rangée que moi, sort de son sac à main des lunettes, elle ne les met sur le nez qu'une fois qu'il fait noir. Des gouttes de sueur perlent sur mon front pendant la projection, je ne sais si je dois la regarder, elle, dans le noir, ou Bo Derek, sur l'écran.

L'arrêt de tram

Elle est à l'arrêt du 94, devant l'église des Sablons. C'est l'automne. Peu après la sortie des classes. Elle se tient droite.

Monte dans le tram. Je la suis. Elle descend au croisement de la rue de l'Abbaye et de l'avenue Louise. Je marche dix mètres derrière. Elle remonte la chaussée de Vleurgat, prend la chaussée de Waterloo. S'arrête, s'engouffre dans un immeuble, en face du supermarché GB. Immeuble avec pharmacie au rez-de-chaussée. Ne pas se faire repérer, quand je vais au secrétariat de son lycée, quand je questionne le pharmacien. Je mène l'enquête. Elle redouble une année, parents divorcés, petit frère ; inscrite à la médiathèque, elle lit Kafka, Fitzgerald, Kundera. C'EST ELLE. L'éternel féminin. NADIA AMARA, elle s'appelle.

Je lui écris. Une lettre d'amour anonyme. Je l'appelle. Elle accepte un rendez-vous devant l'arrêt de tram. Quand j'arrive, elle, déjà là. Elle imagine un homme plus âgé, pas un adolescent boutonneux. « C'est moi », dis-je. Dans un film français un peu débile, Bernard Menez demande à une jeune fille : « Cela te dérange si je te prends dans mes bras ? » Contre toute attente, elle se laisse faire. Il n'est pas plus beau que moi, Menez.

« Cela vous dérange si je vous prends dans mes bras ? »

« Cela me dérange, oui. »

Tout ne se passe pas comme au cinéma. Tout faire pour que tout se passe dans la vie comme dans un film, c'est le but que je m'assigne.

Le Potache en boîte

À Paris, je vois les films interdits aux moins de 13 ans. En Belgique, la censure est plus sévère. Fier de pouvoir parler à mes camarades bruxellois des films qu'ils ne voient pas.

Le Potache en boîte, Pitou a l'idée de lancer le journal. Je propose un sujet : la différence entre les films « enfants non admis » à Bruxelles et à Paris. Accepté !

Nadia Amara ressemble à Bo Derek. L'idéal oscille entre la petite culotte de Carole Laure et le *Boléro* de Ravel.

La boum

Ernst et moi, nous organisons une boum. Il nous faut des cartons d'invitation, des spots de couleur et une collection de disques incluant les derniers tubes.

Le lieu prêté est le rez-de-chaussée et le sous-sol d'une maison dont nous pouvons retirer les meubles. Que le temps d'une soirée, l'espace se métamorphose en piste de danse.

Une PAF (Participation Aux Frais) est demandée à l'entrée.

Tout ce complique à cause d'Ernst. Il veut faire une « Horreur Party ». Nous installons dans la maison des décors « Halloween » : fausses toiles d'araignée, têtes de mort, pâte flasque sur la poignée d'entrée achetés dans le magasin de farces et attrapes. Il a l'idée de diffuser au sous-sol, qui nous sert de vestiaire, une musique macabre.

Nous distribuons tous les deux des cartons d'invitation en lettres gothiques, avec l'espoir de ratisser large, de ne pas seulement faire venir nos camarades de classe.

Au seuil de la porte d'entrée, entre la cage d'escalier et la rue, une petite table avec une chaise. Je suis là, à attendre. Nous nous répartissons les tâches, Ernst est au bar. Pari gagné.

Organiser une soirée, c'est un peu comme réaliser un film. Les participants sont les spectateurs.

Tout va bien ? Non. Pas de Nadia Amara.

Israël

Le papa d'Ernst est d'origine juive allemande, mais de sa judaïté, il ne parle jamais à Ernst. Être Juif, il sait encore moins que moi ce que c'est.

L'armée israélienne envahit le Sud Liban en juin ; nous partons au mois d'août. Les autorités sont formelles : on peut aller en Israël en toute sûreté. C'est pour assurer la sécurité du pays qu'elles déclenchent officiellement la guerre, pour que les troupes palestiniennes de l'OLP arrêtent de bombarder depuis le Liban les villes et les villages du Nord du pays.

Le périple s'organise avec différents lieux à visiter : le Mur des lamentations et ses petits papiers (faire un vœu), Tel-Aviv et son centre animé, la mer Rouge et son sel, la plage d'Eilat et ses plongées sous-marines, la forteresse de Massada qu'il faut gravir à pied, le désert avec thé offert par les bédouins sous une tente…

À la frontière du Liban et d'Israël, longue procession de tanks. Il ne faut pas sortir du bus qui nous fait traverser la Cisjordanie. Tout est question d'histoire et de géographie. Un même lieu peut être terrain d'affrontements ou zone pacifiée. Hébron est un des plus vieux sites de la région, le tombeau des patriarches, lieu saint du judaïsme et de l'islam.

Je vois les orthodoxes avec leurs tresses, leurs habits de corbeaux et leurs chapeaux noirs, leurs femmes rasées avec des vêtements longs et une perruque. Aucune différence entre les islamistes et les orthodoxes juifs.

Affrontements avec des compagnons de voyage, de jeunes Juifs belges qui prétendent qu'on ne peut pas être juif sans y croire, à Yahvé. Confusion des genres entre sentiment d'appartenance et croyance. Nous sommes dans un voyage organisé par le Centre Communautaire Laïc Juif, qui défend l'idée de deux États, Israël et la Palestine, et ils me traitent de « naïf ». Ils disent : « Les Palestiniens, les Arabes en général, ils ne comprennent que la langue de la force. »

De retour

Le massacre des camps déclaré comme un « acte de génocide » par l'Assemblée générale de l'ONU. Sous la pression de 400 000 manifestants israéliens, création d'une commission d'enquête parlementaire. Franchir la ligne rouge : ne plus considérer l'Autre, surtout son pire ennemi, comme un homme. La commission confirme la culpabilité des milices chrétiennes libanaises et la responsabilité indirecte d'Ariel Sharon, ministre de la Défense.

Génocide : « Crime contre l'humanité tendant à la destruction totale ou partielle d'un groupe national, ethnique, racial ou religieux. » Comment filmer un génocide ?

Le cinéaste belge Thierry Knauff réalise *Le Sphinx*. Il part du texte de Jean Genet sur les cadavres jonchant les rues, lu en voix off, et montre en contrepoint des portraits en noir et blanc de personnes de tous âges, photographiées dans un parc à Bruxelles, à côté de la statue d'un sphinx. « L'enchaînement des photos est orchestré de sorte qu'il suggère une ressemblance possible entre le corps qui est décrit et celui que l'on voit. Distance et proximité sont inextricablement mêlées. » Le dispositif, la beauté des photographies, la maîtrise des travellings me dérangent. Genet laisse, dans son écriture, une place à l'ineffable. Pas d'esthétisme pour les génocides, dans les films.

Olivier Hennebert

Olivier fait des études de photographie. Comme beaucoup de photographes, il rêve de faire du cinéma. Nous nous rencontrons à la Cinémathèque Royale de Belgique. Nous échangeons nos impressions sur les films que nous voyons. J'ai 15 ans et lui 22.

Olivier Hennebert pendant les repérages de *Karmann Ghia*

Cours d'histoire du cinéma à la Cinémathèque. Hadelin Trinon, le professeur, a les cheveux gris, une mèche rebelle sur le front, la peau fripée, il s'habille comme un clochard. Les cinéphiles ressemblent souvent à des clochards.

Hadelin est devant l'écran, face aux rangées de spectateurs, avec deux casiers de bouteilles de bière. Pendant les projections d'extraits de films, il tète les goulots des bouteilles. Il soliloque plus qu'il n'enseigne, bafouille plus qu'il ne commente ; le regard globuleux, les casiers de bières vides à la fin de la séance. Le choix des classiques prime. « Échelle des plans. » « Espace filmique. » « Flash-back et ellipses. » « Cut. » « Montage alterné. » Il chuchote, comme on transmet des secrets.

Maman à la Cinémathèque

Elle trouve un job étudiant. Caissière à la Cinémathèque Royale de Belgique. Elle côtoie certains parmi les cinéastes les plus prestigieux. Orson Welles, elle le fuit, il empeste le cigare. Il a le projet de réaliser l'adaptation du *Procès* de

Maman à Ostende

Kafka en Belgique, mais il ne reçoit pas l'autorisation de tourner dans le Palais de Justice de Bruxelles. Abel Gance, le réalisateur « du » *Napoléon*, vient avec sa maîtresse. Il demande « officiellement » deux chambres. Nelly Kaplan a 47 ans de moins. Elle apprend tout de lui, puis s'émancipe. Elle réalise un film féministe, *La fiancée du pirate*.

Maman est la maîtresse de Jacques Ledoux, le Conservateur de la Cinémathèque. Avant papa.

Premier film

Je propose à Olivier un scénario : l'histoire d'un cinéphile complètement fou, qui ne supporte pas de vivre quand les salles de cinéma ne projettent pas de films... et s'enferme chez lui.

Il est partant.

Un ami d'Olivier travaille dans une agence immobilière. Nous avons les clés d'un duplex. Il est à louer. La propriétaire en vacances, quelques jours. Pas de visite. Nous accrochons des affiches et photos de cinéma au mur. Je les achète à Paris, dans des librairies spécialisées.

Pour éclairer, rallonge. Nous pompons l'électricité à une prise dans le hall de l'immeuble. Nous poussons sur la minuterie pour avoir de la lumière. Jean-Marc est notre acteur. Il arpente les nuits bruxelloises, ce côté dragueur me plaît. Cinéphile fou, il incarne le désir.

Premier jour de tournage. Patrick Dewaere se tue. Notre film s'appelle *Ciné-Suicide*.

Olivier filme Jean-Marc avec un filtre multi-prismes pour accentuer son délire. La propriétaire du duplex arrive au moment précis où Jean-Marc, dans une crise de démence, mange des photos de films, cadré en multi-prismes. Jeu de miroirs entre Jean-Marc et sa crise de manque et la crise d'hystérie de la propriétaire.

Ciné-Suicide. Photo Marc Trivier

François Truffaut et Pierre Tchernia

J'invente un jeu de société, *Silence, on tourne*. L'objectif est de réaliser un long métrage, en rencontrant à la fois un succès critique et public. Cette obsession me poursuit encore aujourd'hui.

J'envoie le jeu à François Truffaut. Son rapport au cinéma, la manière dont pour lui vie et films se fondent, m'émerveillent. Échange de correspondance avec le cinéaste, touché par mon jeune âge (15 ans)… Il me donne des conseils, comme Rilke dans ses *Lettres à un jeune poète*. Pour le jeu de société, il me suggère de m'adresser à Pierre Tchernia, il me donne ses coordonnées. Pierre Tchernia anime une émission de vulgarisation sur les films, à la télévision. Lui ne me répond pas.

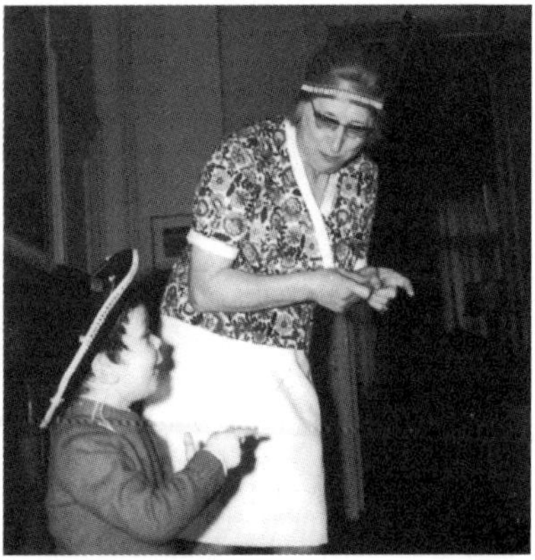

En haut : opa et oma, un jour d'anniversaire ; en bas : Bobonne Ida et Frédéric enfant

Je reçois le prix du meilleur jeu éducatif décerné par le Ministère de la Culture belge, mais je ne trouve pas de société prête à l'éditer. Pierre Tchernia commercialise un jeu de société grâce à son émission, le slogan « vu à la télé » comme atout marketing. Son jeu, rien à voir avec le mien. Quiz où le cinéma n'est qu'un prétexte pour se divertir.

François Truffaut meurt prématurément. Truffaut est à moitié juif, comme moi.

Pas assez juif pour les Juifs, assez juif pour la Gestapo.

Télépathie

Je me réveille en pleine nuit. « Il faut appeler opa, il a mal à la tête. »

Opa, grand-père flamand maternel.

Allume la lumière dans la chambre des parents. « C'est un cauchemar, va te recoucher. » Le lendemain, j'apprends qu'opa est mort d'une hémorragie cérébrale…

Le surnaturel existe. Les fantômes, aussi. Les acteurs morts que l'on voit dans les films, ce sont des fantômes. L'au-delà ici-bas : le cinéma.

Faire des films, pour rendre le réel fantastique.

Les deux Laurence

Parle de mon projet à Laurence Roscoe, la pin-up du lycée, tout de suite elle accepte d'y participer. Accoste Laurence Paquet à l'arrêt de tram de Nadia Amara. Elle ne sait pas si elle doit ou pas me prendre au sérieux, ne dit pas non.

Laurence Roscoe est toujours seule dans la cour de récréation. Mystérieuse, hiératique. Des rumeurs : elle a une relation avec le professeur de mathématiques.

Dans *Elles étaient deux*, elle est une lycéenne qui se sent différente des autres. Elle, et sa meilleure amie. Elles se retrouvent en dehors des cours. Montage alterné entre elles deux et les autres lycéens, dans les soirées dansantes. Elles n'y vont pas.

Je réalise le film avec Éric Lowie. Son père tient plusieurs magasins de photographie. Il nous prête une caméra super 8 (le nec plus ultra) et nous file la pellicule gratis. Éric maîtrise davantage la technique. Moi, au scénario, à la direction d'acteur (avec les deux Laurence), au montage. Lui, il filme. Pas de son synchrone, excellent exercice, la force de l'image. Éric

Sur le tournage d'*Elles étaient deux*

a un ami, Laurent Ingels qui compose la musique. Laurence – Laurence – Laurent.

Il ne se passe rien, j'apprends la libido par transfert.

Ciné-Monty

Les films projetés sur l'écran d'une vraie salle de cinéma. Nous gagnons le Premier prix au festival super 8 « Caméra aux jeunes ». Les autres nous regardent comme des intrus.

Au *Ciné-Monty*, on peut boire et manger. Nous y fêtons le prix.

Se faire son propre publiciste. Tous les cinéastes recourent à des subterfuges plus ou moins savants pour qu'on parle d'eux, certains plus discrètement que d'autres. C'est ce que m'écrit François Truffaut : « Il est aussi important de faire un film que d'apprendre à le faire connaître. En tout cinéaste sommeille un représentant de commerce. »

La rédaction de *Ciné-Revue,* à côté du lycée. J'y débarque sans rendez-vous, en demandant si je peux parler à un journaliste. *Ciné-Revue*, c'est la revue que lit toutes les semaines oma, ma grand-mère flamande. C'est aussi celle des *pin-up* : une par numéro, avec décolleté. Les programmes télé et l'horoscope trônent en pages centrales.

Après l'article paru sur nous dans *Ciné-Revue* (édition belge), un certain Roland Bogaert me contacte. Il demande s'il peut voir *Elles étaient deux.* Roland Bogaert est un homme d'une quarantaine d'années, avec une barbe en collier, des lunettes, un costume trois pièces. J'organise pour lui une projection, avec le projecteur super 8. Dans l'obscurité (les volets de la chambre fermés), il fulmine. Il a une révélation à me faire. La musique du film, c'est la sienne. Laurent Ingels la lui a piquée. Roland Bogaert, père de famille, informaticien, compose à ses heures de la musique sur synthétiseurs.

Roger Lallemand

Avocat, il est l'ami de papa, mais aussi d'Edgar Morin et de Régis Debray – il le défend, quand il est prisonnier en Bolivie. Son combat politique, j'en entends parler toute mon enfance. Il est à l'initiative du projet de loi belge sur la dépénalisation de l'avortement. Pour que la loi passe, aménagements, arguties, tergiversations. Front commun avec les libéraux face aux réticences des partis catholiques (francophone et flamand)…

Je suis à la fête de la rose. La section d'Ixelles, présidée par Roger Lallemand, organise une fois par an un bal. On peut acheter des billets de tombola, chaque ticket est gagnant. Je reçois un sous-plat sur lequel sont gravées les étoiles de l'Union européenne. J'ai toujours le sous-plat dans ma cuisine ; l'Europe s'élargit et le nombre d'étoiles ne correspond plus au nombre de pays qui en font partie.

Les socialistes gagnent, Lallemand est pressenti pour devenir ministre de la Culture. Le soir des élections, des directeurs de compagnies de théâtre, André Delvaux, le directeur de l'INSAS, des écrivains (Pierre Mertens, Jean-Pierre Verheggen), un directeur d'une compagnie de danse : ils sont tous là pour se faire voir et bénéficier de sa bonne grâce. Ils connaissent les liens qui lient Roger et papa, qui devient dans la foulée de Lallemand quelqu'un d'important.

Le lendemain, le président du Parti socialiste lui propose le poste de ministre de la Culture, mais Roger Lallemand préfère dire « non » au président plutôt qu'aux demandes à venir de ses camarades.

André Delvaux

Il est le cinéaste le plus connu du pays. Papa voyage avec lui et Roger Lallemand aux États-Unis. Le département de français de la New York University les invite pour une série de conférences sur la belgitude ou comment le mélange de culture latine et germanique fait sens.

De retour au plat pays, André Delvaux propose à papa de partir d'*Essai de n'être pas mort*, un de ses livres, pour écrire un scénario. Il vient chez nous deux fois par semaine, pour des séances de travail. Ils s'enferment dans le salon. C'est à peine s'il me salue. Je ne suis qu'un adolescent. Il m'intimide. Je n'ose lui parler ni de *Ciné-Suicide* ni d'*Elles étaient deux*.

Doléances

Dans *Essai de n'être pas mort*, papa transcrit les doléances de maman.

« J'en ai soupé de ton personnage.

Tu es un clown sautillant.

Scéne des doléances entre Alexandra Vandernoot (dans le rôle de ma mère) et François Beukelaers (dans le rôle de mon père) : *Babel Opéra*, d'André Delvaux

Tu n'es pas l'homme grand, stable, vigoureux sur lequel je peux m'appuyer, que toute femme désire.

Tu n'es qu'un rêveur, un irresponsable.

(...)

Je n'aime pas les gens que tu fréquentes, je n'aime pas la vie que tu me fais mener.

Ne mets pas la moitié de ton croissant dans la bouche. *Miam miam, rhouf, rhouf.* Ne me regarde pas comme ça, d'un air bête.

Incapable de découper un poulet à 40 ans !

Tu as une drôle de tête, d'animal préhistorique. »

André Delvaux reprend les répliques. Alexandra Vandernoot joue le rôle de maman.

Babel Opéra

André Delvaux profite de la création du *Don Juan* de Mozart à la Monnaie pour filmer les répétitions. Il veut mélanger les textes de papa, l'opéra de Mozart, des scènes avec des acteurs et des ténors, faire un film sur le Babel belge, avec des décors en Flandre (l'Escaut), en Wallonie (les Fagnes) et à Bruxelles…

Papa est le narrateur, il s'adresse à la caméra pour présenter les scènes et les coulisses, l'endroit et l'envers, avec cette idée saugrenue : plus il parle, moins on doit comprendre l'intrigue. André Delvaux rêve d'un cinéma postmoderne qui soit la synthèse entre la peinture et la musique.

Jean-Claude Batz

C'est avec lui que papa négocie son salaire, comme scénariste et acteur. Il est élancé, ressemble à un personnage de la Renaissance, la classe personnifiée, on n'a pas envie de discuter d'argent avec lui. Cela semble futile.

Babel Opéra est une commande de la Loterie nationale belge. Pour fêter son cinquantenaire, le Loto laisse carte blanche à André Delvaux, pour un long métrage.

Le film ne marche pas. Pas de sélection dans les grands festivals. Pas de distributeur en France.

André Delvaux décide de le remonter et de supprimer presque toutes les scènes avec papa. Je vis ces coupes comme une castration par géniteur interposé. Je rêve de revoir *Babel Opéra* dans sa première version. Encore aujourd'hui. Que cette première version ressuscite.

L'INSAS

Co-fondateur avec André Delvaux de l'INSAS, la célèbre école de cinéma, Jean-Claude Batz est plus disert qu'André

Jacques Sojcher et André Delvaux. Photo Sylvie Derumier

Delvaux. Il me raconte comment Fanny Ardant remplace Isabelle Adjani sur *Benvenuta*, comment un retrait en amène un autre, Marcello Mastroianni n'est plus libre, Vittorio Gassman tient le rôle de l'amant italien.

La mafia vient trouver Jean-Claude, pendant les repérages. Pour tourner à Naples et à Pompéi, il faut donner un dessous de table… en échange, un homme de *Cosa nostra* veille à ce que tout se passe au mieux sur le plateau.

Benvenuta raconte les amours entre une musicienne gantoise et francophone et un magistrat d'origine napolitaine qui exerce à Milan. Nord-Sud.

« C'est tellement juste », dit papa à Delvaux, « comme passion rime avec transgression, comme l'attirance joue pour ce qui nous ressemble et nous différencie. Masculin-féminin. Projeter en l'autre son trouble. »

Jean-Paul Comart et Terry Focant dans *Karmann Ghia*. Photo Olivier Hennebert

Un petit monde

Hadelin Trinon ne donne pas seulement cours à la Cinémathèque, il est comme Jean-Claude Batz et André Delvaux professeur à l'INSAS. Je le retrouve comme membre du jury d'un festival de courts-métrages à Namur, où je présente *Karmann Ghia.*

Karmann Ghia, c'est le nom d'une voiture sport des années 1960, qu'on surnomme la Porsche du pauvre. Design de bande dessinée. On reconnaît de loin la voiture, au bruit du moteur, le même que celui qui équipe la Coccinelle (autre modèle Volkswagen).

Olivier roule en Karmann Ghia bleu électrique.

Maman, son premier amour, avant Jacques Ledoux… et donc avant papa… vient la chercher chez opa et oma en Karmann Ghia.

J'invente une histoire avec une Karmann Ghia qui tombe en panne, un cimetière de voitures et un cadavre de femme.

Nous déjeunons, Hadelin et moi, entre deux projections, au festival. Je lui dis combien ses cours d'introduction à l'histoire du cinéma sont importants pour moi. Il aime la musique de Roland Bogaert, dûment crédité au générique cette fois. Hadelin décerne le prix à un film d'animation qui explore de manière graphique trois mots, composés et recomposés avec différentes polices : « Lis tes ratures. »

Jacques Ledoux programme *Karmann Ghia* à la Cinémathèque Royale de Belgique.

Hadelin ressemble au chanteur français Serge Gainsbourg, le même côté dépravé, air à la fois enfantin et pervers.

Un conte de fées

C'est non. L'agent de Serge Gainsbourg me fait répondre par son assistante : l'artiste qu'il représente ne tourne jamais dans un court-métrage. C'est la plus grande star de la chanson, en France. Je ne m'arrête pas à ce premier barrage. J'arrive à avoir son téléphone, grâce à une amie journaliste de papa (je les soupçonne de coucher ensemble). Il faut l'appeler à 17 heures, quand il se réveille, après il sort. Il n'a pas de répondeur.

Chaque fois que je parle avec Gainsbourg, au téléphone, il abrège, un taxi l'attend, il n'a pas le temps, que je rappelle. Je le rappelle, pendant deux mois, tous les jours. Il finit par me donner rendez-vous dans un studio d'enregistrement et quand il me voit, s'étonne : « Mais t'es un gamin, toi. » Il me demande pendant combien de temps j'aurais besoin de lui. « Une journée. » Il prend son agenda et répond : « Je te donne quatre heures. » Les producteurs n'ont qu'une crainte : qu'il fasse faux bond. Aucun contrat.

Bernard Lavilliers, je profite de sa venue en Belgique. Je retrouve dans les champs l'organisateur du concert, à côté de Wavre, où le spectacle a lieu. La scène et les tribunes, des tentes, tout est mis sur pied pour cette unique représentation, une quinzaine de constructeurs s'affairent. L'organisateur, dont c'est la première initiative d'envergure, ne fait pas assez de publicité, il pleut, il doit annuler, faute de spectateurs. Il se retrouve endetté. Cela ne l'empêche pas de me donner le tuyau. Lavilliers descend au Sheraton où il peut faire du body-building.

Serge Gainsbourg pendant le tournage, avec Sophie Carle. Photo Olivier Hennebert

Lavilliers a commencé sa carrière comme sidérurgiste. C'est un enfant d'ouvriers. Il fait des chansons engagées.

Petit déjeuner. Je m'assieds à sa table sans qu'il m'y invite. Il faut parler vite. Être dans le même film que Gainsbourg, cela lui plaît.

Michael Lonsdale me reçoit chez lui, Place Vauban. Il fonctionne à l'instinct. Il tourne avec les plus grands cinéastes, comme avec des inconnus. C'est oui tout de suite.

Fumeurs de charme : une jeune journaliste interviewe des personnalités sur la cigarette, comment la gestuelle et la fumée participent à la séduction. Je ne fume pas. Fasciné par Humphrey Bogaert et Lauren Bacall, comment il lui allume sa cigarette, comment elle lui renvoie une bouffée de fumée.

Gainsbourg est là, pile à l'heure. Il m'appelle « gamin », cela fait rire l'équipe. Il fait tout ce que je lui demande. S'asseoir ou se lever, de face ou de côté par rapport à la camé-

 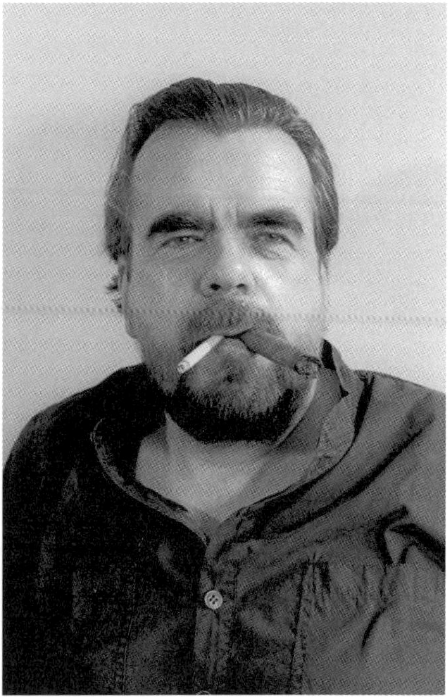

Serge Gainsbourg après le tournage, avec Bambou ; à droite : Michael Lonsdale dans *Fumeurs de charme*. Photos Olivier Hennebert

ra. Accepte de refaire les prises, de suivre mes indications, d'adapter la tonalité de ses répliques avec Sophie Carle, la jeune actrice repérée dans *Ciné-Revue*.

Chez oma, la grand-mère flamande, j'ai vu sa photo sur la couverture. Elle joue dans *À nous les garçons*, elle y tient le rôle principal.

Gainsbourg lui propose de passer chez lui, après le tournage. On ne sait plus s'il est sérieux ou s'il joue un rôle. Quand Bambou, sa femme, arrive, il arrête de draguer. Soudain, comme un petit garçon. « Gamin » à son tour.

Lonsdale dit : « Mon Dieu, mais vous avez autant de matériel que dans un James Bond. » Il joue le rôle du mauvais dans l'un des James Bond.

Frédéric Sojcher et Sophie Carle. Photos Olivier Hennebert

Avec Lavilliers, aussi, le charme de Sophie opère.

La fumée, Gainsbourg dit : « J'en ai besoin comme de l'oxygène. » Lavilliers parle d'une langue internationale, comme la musique. Lonsdale montre comment, en fonction de la manière dont on tient la cigarette en main, on entre dans un jeu de rôles : du prolo à l'intello. Mélange de fiction et de documentaire. À la fin de son enquête, Sophie retrouve le rédacteur en chef du journal. Il lui demande où elle veut en venir, avec ses « fumeurs de charme ». Il lui tend une cigarette et l'invite à dîner. Elle lui rétorque : « Mais la cigarette je m'en fous, c'est qu'un prétexte. » Mise en abyme entre le rôle qu'interprète Sophie et moi.

Après le tournage

Gainsbourg me demande de passer chez lui pour lui montrer le film, en copie vidéo. Sa maison rue de Verneuil, les murs sont noirs, les fenêtres obturées. Dans le salon, immense photo de Brigitte Bardot nue, un piano, des reliques ordonnées. Il me fait monter à l'étage, dans la chambre. À son invitation, je m'assieds sur le lit, face à l'écran de télé géant. Avant de pousser sur la touche « play » du magnétoscope, il éteint la lumière. Obscurité. Le temps passe, assis entre lui et Bambou. Des perles de sueur sur le front, de la transpiration sous les aisselles. C'est long, deux minutes. « Play », enfin. Après, il dit : « C'est classe, mais pourquoi Lavilliers, cet enfoiré, est dans le film ? »

Luc Honorez

Luc Honorez, le premier, m'interviewe pour le journal *Le Soir*.

Il est le plus connu parmi les critiques belges francophones, à la fois craint et respecté. Il a un style bien à lui, il donne son avis, pas seulement sur les cinéastes ou les acteurs, mais sur les impressions qu'ils lui procurent, sur le lieu de la rencontre. Il évoque le visage lunaire de papa quand il écrit sur *Babel Opéra*, parle de lui comme du Woody Allen belge. Il renvoie à la maladresse paternelle, comment on peut séduire en étant malhabile. Avec les mots.

Ses avis sur les films sont un imprimatur.

Je suis le fils du Woody Allen belge !

Yves Mourousi

Au festival de Cannes, je n'ai rien à faire, je l'accoste sur la plage du Majestic où les personnalités déjeunent. Yves Mourousi est présent sur la Croisette pour animer des directs. C'est le plus célèbre des présentateurs français, je le harcèle pour qu'il m'invite au journal télévisé.

Je ne suis pas le seul à ne rien avoir à faire à Cannes. La plupart des festivaliers sont comme moi, à passer leur temps à échafauder des plans pour aller aux fêtes auxquelles on ne les convie pas, avoir des places pour voir des films sans être journalistes, à s'habiller en pingouins pour se donner un air. Nous nous refilons les tuyaux. Dès que l'un de nous infiltre un cocktail, il dissimule plusieurs coupes vides sous son veston et ressort pour les distribuer. Nous exhibons au portier la « preuve » que nous sommes déjà entrés, sinon comment aurions-nous les coupes en main ?

Frédéric Sojcher à Cannes en 1985
Photo Olivier Hennebert

À Paris, rue Cognac-Jay, studios mythiques de la télévision française. Yves Mourousi se lève entre deux lancements de sujets, va aux toilettes… laissant l'équipe sur le qui-vive, il revient à sa place une seconde avant le retour sur antenne. Il m'interviewe en fumant.

Je drague à la sortie du studio la Miss Météo du journal télévisé, elle rêve de faire un disque. Mourousi aime la taquiner à l'antenne ; sa vocation n'a rien à voir avec les dépressions et les anticyclones.

Je deviens un animal de foire, le type qui à 18 ans fait tourner des stars. Articles dans les journaux. Le film est diffusé par la Columbia, en Belgique et en France, avant *The Color Purple* et *After Hours*.

Décalé

Je réussis le concours de l'INSAS, la célèbre école de cinéma de Bruxelles. André Delvaux me prend à partie : « Tu perds ton temps ici. Au bout de quatre ans d'études, si tout va bien, tu vas réaliser un court-métrage, et il y a déjà *Fumeurs de charme*. » D'autres enseignants affirment au contraire : « Ce n'est pas parce qu'il y a *Fumeurs de charme* que tu dois t'y croire. Tout reste à apprendre. » Les étudiants n'apprécient que moyennement ces apartés.

Je suis son chouchou

Elle choisit les cinéastes auxquelles elle croit et leur donne rendez-vous chez elle, pour parler de leurs projets. Gâteaux, macarons, café. Jacqueline Aubenas prodigue ses critiques et conseils bénévolement, en plus des cours qu'elle donne à l'INSAS. Elle consacre sa vie aux autres, aux histoires des autres, sans jamais être créditée dans les génériques autrement que dans les remerciements. Des cinéastes confirmés lui font lire les différentes étapes de leurs scénarios. Et je suis admis dans son cénacle. Elle m'invite au mariage de sa fille, à l'hôtel Métropole à Bruxelles, Place de Brouckère. Florence Aubenas en robe blanche dans le hall de l'hôtel 1900.

Le grain de sel

Grégory, le patron du restaurant vient à table raconter des blagues juives (il est juif ashkénaze).

Charles Denner dans *L'homme qui aimait les femmes*

Maud, je veux la séduire à cause de Nadia Amara. Elle a été avec elle au lycée, elles continuent de se voir. C'est idiot, vouloir séduire une femme pour une autre. Je lui parle de Nadia. Qu'est-ce qu'elle devient ? Est-ce qu'elle peut lui dire bonjour de ma part ? Comment réagit-elle quand elle lui dit mon nom ?

Les blagues de Grégory ne font pas rire Maud. Elle en a marre que je lui parle de l'autre.

Il y a une inconnue à une autre table. Je ne sais comment entrer en relation, dois-je attendre, comme Charles Denner dans *L'homme qui aimait les femmes*, qu'elle aille aux toilettes pour m'y rendre et l'accoster ? Je la fixe des yeux, obsédé par l'idée d'établir un lien. Maud, si seulement… avec toi, j'aurais pu revoir Nadia… Au lieu de quoi : TAC. C'est le bruit que fait le poivrier que Maud frappe sur ma tête, pour interrompre mes œillades à l'inconnue. Un coup de poivrier au *Grain de sel*, cela ne passe pas inaperçu. C'est que le poivrier est grand (il fait trente centimètres), c'est que le poivrier est dur, il fait TAC sur la tête et tout le monde se retourne (les conversations s'interrompent instantanément).

Je me lève et je m'approche de la table de l'inconnue : « Vous vous rendez compte de quoi vous êtes responsable ? », je désigne la bosse qui ne va pas manquer d'enfler. Son compagnon (enfin, celui avec qui elle déjeune) semble prêt à me remettre à ma place. Elle lui fait un signe discret : tout va bien. J'enchaîne : « Cela fait vingt minutes que je vous regarde et à cause de cela je viens de recevoir un coup de poivrier, la moindre des choses, pour vous faire pardonner, c'est de me donner votre numéro de téléphone. » Elle me le donne. Maud me laisse régler la note.

D'abord, s'inspirer des films pour vivre sa vie. Puis, inventer ses propres scénarios.

Dream Factory

La maison de production de *Fumeurs de charme*, spécialisée dans le clip vidéo, implose, victime de son succès. Des actionnaires de Dream Factory vendent leur part à une autre société, Little Big One, qui investit dans les images de synthèse. Certains des membres fondateurs intègrent la nouvelle structure, d'autres partent, d'autres encore, évincés.

Il me faut trouver un autre producteur.

Chantal Akerman

Maryline Watelet, la productrice de Chantal Akerman s'intéresse à mon nouveau projet. Nous sommes dans un café, Maryline, Akerman et moi. Akerman, c'est l'égérie du cinéma d'auteur belge, encensée dans les festivals, par les critiques, pour la dilatation du temps dans ses films, pour son épure formelle, sa manière de déconstruire le récit. À côté de nous, un jeune couple se bécote, s'embrasse sur la bouche avec la langue. Akerman s'exclame : « BEURK ! », de sorte qu'on l'entende, les amoureux interrompent l'étreinte. À quoi ça tient, les affinités ?

Les producteurs belges

J'obtiens l'avance sur recettes belge, j'ai 22 ans. Je ne compte pas le nombre de producteurs belges que je contacte, avec qui je déjeune, qui un moment sont intéressés. Rien ne se conclut, ils ont déjà des poulains sur lesquels ils misent (les maisons de production, comme des écuries), mon jeune âge les effraie, je risque de perdre la subvention du Ministère de la Culture.

Christian Bourgois (suite)

Je suis dans le bureau de Christian Bourgois, Place Saint-Sulpice. Il se dit prêt à produire mon premier long métrage. Il étend ses activités, de l'édition à la production.

Christian Bourgois et ses lunettes noires, le visage impassible.

Nous signons un contrat.

Puis, la tuile. Christian Bourgois est l'éditeur de Salman Rushdie en France, il publie en français *Les Versets sataniques.* L'ayatollah Khomeini, guide de la révolution iranienne, lance une fatwa contre l'écrivain et ses éditeurs. Condamnés à mort, ils blasphèment le prophète. Christian Bourgois ne va plus au bureau. Pendant des semaines, j'essaie de le joindre, laisse des messages à sa secrétaire. Ses activités de production reportées, sine die.

Paris

La Sorbonne… c'est moins chic que l'INSAS. L'école belge sélectionne dix candidats par promotion. Mais je suis à Paris. Plus « le fils de ». Loin des disputes familiales. Papa et maman divorcent, cette année-là.

Claude Beylie, spécialiste de Marcel Pagnol et de Max Ophuls. Cours entièrement consacré aux références bibliographiques, en faisant des commentaires sur les livres et les revues de cinéma, comme un archéologue. Jacques Goimard, monomane du cinéma fantastique. Il fait remplir à chaque étudiant synopsis et fiches techniques sur les films qui explorent le genre, de près comme de loin. Les fiches sont tapées à la machine à écrire, l'ordinateur n'est encore l'apanage que de quelques-uns. Éric Rohmer évoque avec sa petite voix fluette l'espace chez Murnau et le gros plan chez Griffith, il nous montre des extraits sur un petit écran de télévision. Daniel Serceau, dans ses analyses, se concentre sur les notions de désir, de plaisir, de puissance et d'impuissance, de guerre des sexes dans les films. Pierre Jenn a le sida et est le plus souvent absent pour ses cours d'économie.

Censier

Inscrit à l'université de Paris 1 (la Sorbonne), je dois suivre un cours en option à l'université de Paris 3 (Censier), il y a un accord entre les deux universités.

Censier davantage réputé dans le domaine théorique, c'est la seule faculté en France entièrement dédiée aux études audiovisuelles. Le professeur donne un cours sur Jean-Luc Godard. Il montre un extrait d'une minute de l'un des derniers films du cinéaste, puis se tourne vers nous, ses étudiants : « Comment analyser ces images ? » Silence dans la salle. « Regardez bien. » Il montre à nouveau l'extrait. « Alors ? » Pas une mouche ne vole. « Regardez la voiture. » Il diffuse une troisième fois la scène, on voit une Mercedes rouler sur une route suisse. « Toujours pas ? » Il enchaîne, fier de son effet : « La voiture, c'est une Mercedes, une mère-cedes, c'est le rapport à la mère dont veut nous parler le cinéaste. » Je lève le doigt : « Dans la scène précédente, au café, il y a un percolateur. » Je précise : « Un père-colateur. » Lui : « Dehors. »

Les voies de l'analyse filmique sont infinies…

Chambre de bonne

10 m^2 avec toilettes sur le palier. Les toilettes sont dégueulasses. Maman m'offre comme cadeau d'installation un pot de chambre. Je peux pisser et faire mes besoins à l'aise, sans devoir poser les fesses sur la lunette peu ragoûtante du palier. Il me suffit de jeter au fur et à mesure urine et excréments, en rinçant le vase de nuit.

Tous les week-ends, retour à Bruxelles. J'essaie de resquiller. D'autres Belges font chaque semaine le voyage, comme moi. On peut la jouer « petit » : voyager à deux, s'arranger pour que l'un des deux se fasse poinçonner par le contrôleur, puis échanger en douce les billets. On peut la jouer « risqué » : se cacher dans les toilettes pendant que le contrôleur passe. Au pire, il ouvre de force la porte et le billet, on l'a en poche. On peut la jouer « malin » : aller au bar, ne pas être à sa place au moment où le contrôleur passe.

Bluffer, en disant que le billet est déjà poinçonné. Si c'est dit avec assurance, il est rare que le contrôleur mette en doute la parole. Rester au bar tout le reste du voyage. Mieux : s'arranger pour croiser le préposé au moment où il s'enquiert des tickets d'autres voyageurs, avoir l'air à ce point dégagé qu'il ne demande rien.

Pas de compostage obligatoire en Belgique, le ticket reste valable pendant deux mois, tant que le contrôleur ne le poinçonne pas.

Dominique Jamet

Je le rencontre pour qu'il parle de *Fumeurs de charme*. Il trouve tellement culotté que je vienne lui demander à lui, rédacteur en chef du *Quotidien de Paris*, de chroniquer un court-métrage, que le courant passe.

Je dois gagner de l'argent de poche.

Au culot, je le recontacte pour lui proposer d'être le correspondant belge du journal. Il n'y en a pas, qu'il me mette à l'épreuve. Il passe commande : « Faites un papier d'ambiance sur la manière dont la foule réagit, à Bruxelles, à la sélection de l'équipe nationale en quart de finale du mondial de football, à Mexico. » Je suis à Paris quand il me demande l'article. Alors, j'invente. Je dis qu'il y a du monde sur la Grand Place, comme jamais depuis la Libération. Je dicte l'article, par téléphone, à une secrétaire de rédaction. Pas encore d'Internet. Le papier paraît le lendemain. Trois feuillets.

Dominique Jamet m'invite à un petit déjeuner, à 9 heures du matin. Me donner un rendez-vous si tôt, c'est étrange. Est-ce un guet-apens ? L'adresse indiquée m'amène devant le Ministère de la Coopération. Il doit y avoir erreur. Je dis au flic en faction : « J'ai rendez-vous avec Dominique Jamet. » Il demande mon nom, je suis bien sur la liste, je fais partie de la réunion avec le ministre qui se tient au sixième étage. Il me tend un badge, je n'ai qu'à prendre l'ascenseur. Table ovale présidée par le nouveau ministre de la Coopération, avec autour de lui cinq personnes, dont Dominique Jamet et une chaise vide, qui m'attend : « Je vous présente notre spécialiste des questions africaines au *Quotidien de Paris.* » Un huissier me fait asseoir.

Chacun à notre tour, nous devons donner notre point de vue sur la politique de la France avec les pays d'Afrique noire. Un serveur demande à l'oreille « café, thé, jus d'orange ? » et s'exécute, il a des gants blancs, le service est en argent.

Dominique Jamet est parmi les éditorialistes les plus sévères à l'égard de la politique de gauche menée depuis 1981. Il est régulièrement invité sur le plateau de *Droit de réponse,* où il assure avec talent son rôle de polémiste – l'émission réunit des personnalités de bords différents, dans le but avoué qu'elles s'étripent. Dominique Jamet, rédacteur en chef d'un journal de droite.

Mon tour approche. Que vais-je pouvoir dire, moi, le Belge, sur la politique de coopération de la France ? Je m'entends ânonner : « Un journaliste n'a pas à donner son avis dans une réunion autour d'un plantureux petit déjeuner, mais dans les colonnes de son journal. » À la sortie, il me félicite. Il faut, quand on veut devenir journaliste, pouvoir se tirer de toutes les situations. Il ne me reste plus qu'à l'écrire, l'article.

Il sait que je suis de gauche, cela ne lui pose aucun problème. Ce qu'il veut, ce sont des arguments. Et tant mieux si un Belge peut apporter un regard nouveau sur la France…

Je vois Dominique Jamet ostracisé par les « gens de gauche » qui refusent de le saluer, et ces mêmes « gens de gauche » lui faire leurs révérences, quand il prend position pour Mitterrand contre Chirac aux élections présidentielles de 1988 ; n'hésitant pas à être à contre-courant de ses lecteurs, il pense Mitterrand meilleur candidat.

TF1 privatisée arrête *Droit de réponse*. Plus de polémiques sur l'antenne. C'est ce qu'il déteste, Dominique Jamet, cette propension du pouvoir, quel qu'il soit, à museler la pensée.

La Cité des Arts

Maman m'aide pour les déménagements. Elle vient à Paris. Sa voiture remplie de meubles, de vaisselle, de vêtements.

Atelier d'artiste appartenant à la Belgique, juste en face de l'île Saint-Louis. Elle déambule avec moi dans les couloirs de la Cité des Arts. Elle m'infantilise. « Tiens-toi droit. » Accueil des artistes – peintres, musiciens, sculpteurs, photographes... – de l'ensemble des régions de France, de Paris, du monde entier. « Ne parle pas si fort, maman. »

Gainsbourg a vécu deux ans dans un atelier de la Cité des Arts. Il y a composé la chanson pour Brigitte Bardot *Je t'aime, moi non plus*.

Week-end à Rome

Nous logeons dans une pension à côté de la Place de Trevi. Emmanuelle Devos n'est pas encore connue, elle rêve de rencontrer Nanni Moretti. Toilette et douche communes. Mobilier rococo bon marché. Contraste entre la situation géographique de la pension, en plein cœur de la ville, et son côté misérable. Elle et moi dormons dans le même lit. Je me demande si je dois passer ou non à l'offensive, l'effleurer, l'enlacer, lui souffler un mot tendre dans le creux de l'oreille, tenter de la faire rire. Je ne m'endors pas. Rien ne se passe.

Nanni Moretti a une maison de production qui s'appelle la Sacher, du nom de son gâteau préféré. Sacher, Sojcher. Elle ne rencontre pas Moretti pendant le week-end.

Plus tard, beaucoup plus tard, Emmanuelle Devos est membre du jury au festival de Cannes. Nanni Moretti est président.

Thomas Langmann

Je veux rencontrer son père, Claude Berri, pour voir s'il peut me produire, et je tombe sur lui, le fils.

Il demande si je n'ai pas un rôle pour lui dans mon film. Thomas Langmann veut être acteur. Je dis que non, je ne vois pas.

Les Bains douches

Devant la plus parisienne des boîtes, une femme assez grosse et laide a la charge de sélectionner ceux qui peuvent ou non pénétrer dans le temple. C'est elle qui dit à ceux qu'elle privilégie : « Vous connaissez la dernière ? Isabelle Adjani a le sida, ah, ah ! » À l'intérieur de la discothèque dans laquelle j'arrive à me faufiler, un pilier de bar prétend que la star vient d'être enterrée.

Devant les *Bains douches*, dans la rue, je revois Thomas Langmann, l'air imbibé. Il ne me reconnaît pas.

Quelques jours plus tard, Isabelle Adjani proclame au journal télévisé de TF1 qu'elle est en bonne santé, que les rumeurs véhiculées sur son compte sont infondées. Non, elle n'a pas le sida.

Muriel

Elle s'appelle Muriel à cause du film d'Alain Resnais. Elle tient la boutique d'un homosexuel excentrique dans le Passage Jouffroy. S'y vendent bijoux de fantaisie, cannes, coquillages marins. Muriel se dispute avec sa grand-mère aristo qui veut l'emmener dans des rallyes, elle coupe les ponts avec sa famille et travaille pour payer le prix de sa liberté.

Après l'amour, elle me fait craquer les vertèbres, assise à califourchon, nue, sur mon dos. CRAC.

Muriel adore fouiner dans les poubelles, trouver meubles et fripes dans les caniveaux ; la nuit nous partons en expédition. Nous arpentons les rues le jour de passage des bennes à ordures. Elle me parle des films qu'elle va réaliser.

L'écriture filmique

Dans une de ses lettres, François Truffaut m'écrit : « La force de l'écriture réside dans la mise en scène. » Et il poursuit : « Un film est mortel, il y a quelque chose de vivant et de périssable, dans le cinéma. »

Jean-Paul Török, le premier, publie en France un livre sur le scénario. Il travaille pour Claude Sautet sur *Un mauvais fils*, avec Patrick Dewaere. À ses cours, à la Sorbonne, la salle est comble. Sa permanence ne désemplit pas, même s'il tyrannise ses étudiants en leur ordonnant de changer les scènes et les dialogues de leurs scénarios.

Du rêve au cauchemar

Le pitch : un acteur veut rencontrer sa partenaire idéale, à la vie comme à l'écran. Une actrice qui joue tout le temps avec lui.

Un côté onirique. Plusieurs actrices lui apparaissent telles des fées, pour lui donner des conseils.

Une pléiade d'actrices

Maruschka Detmers devient célèbre du jour au lendemain, quand Godard la choisit en plein tournage pour remplacer Isabelle Adjani avec qui il ne s'entend pas. Sa notoriété grandit grâce au scandale d'un film d'auteur italien, dans lequel elle fait une fellation. Quand je la rencontre, je fixe sa bouche. Ses lèvres. La langue. Elle dit d'accord, pour un jour de tournage, puis elle pose ses doigts autour de mon cou : « Mais il faut que ce soit fort entre nous. »

Julie Delpy me donne toujours rendez-vous au *Sélect*. Elle dit oui, si elle n'est pas aux États-Unis (elle rêve d'Amérique). Elle raconte comment elle se fait draguer, les secrets de tournage, elle adore cancaner.

Des actrices de la nouvelle et de l'ancienne génération.

Pour joindre Jeanne Moreau, je me recommande de Michael Lonsdale. Son taximan attitré la cherche et je l'accompagne aux répétitions de la cérémonie des César, qu'elle préside. Elle m'interroge sur Lafesse. Le comique sévit en faisant des blagues téléphoniques… et des interviews filmées décalées. Il se moque des César. Jeanne Moreau doit décider si l'autodérision peut ou non faire partie de la cérémonie.

Bulle Ogier me reçoit chez elle, elle est d'une gentillesse extrême, d'une tristesse infinie, encore et à jamais endeuillée par la mort prématurée de sa fille, actrice elle aussi.

Anna Karina m'offre un whisky. D'abord chaleureuse, elle se heurte. Elle ne veut pas redire « Je sais pas quoi faire, qu'est-ce que je peux faire », comme dans *Pierrot le fou*. Elle ne supporte pas cette idée de se confronter au passé.

Fanny Bastien joue le chaud et le froid, nos rapports sont troubles, comme celui de deux amants qui ne passeraient pas à l'acte. Elle a le vent en poupe. À *La Coupole*, tous les yeux sont rivés sur notre table. À commencer par ceux de Serge Toubiana, le rédacteur en chef des *Cahiers du cinéma.* J'existe quand je suis en sa compagnie, il m'ignore quand il me croise sans elle. J'aime le côté à la fois féminin et masculin de Fanny. Un visage de femme, de petits seins. Je l'accompagne dans les festivals, dans des cocktails organisés par Unifrance pour le rayonnement du cinéma français. Elle me demande d'écrire un texte avec papa quand elle obtient le prix Romy Schneider, accordé par un jury de critiques pour l'actrice de la nouvelle génération la plus prometteuse. Nous intitulons notre bafouille *Pas de deux*.

Les actrices doivent jouer leurs propres rôles. J'écris ce qu'elles vont dire, ce qu'elles vont faire. Elles acceptent mes suggestions ou les amendent. Nous rédigeons ensemble leurs monologues.

Hanna Schygulla impose un lieu. Le génie de la Bastille, elle le veut à l'image derrière elle. Pour le reste, champ libre. À moi d'écrire ce qu'elle va dire.

Marlène Dietrich vit à Paris, recluse. Quand elle décroche le téléphone, elle se fait passer pour sa secrétaire. Je lui écris. Elle me répond dans une lettre de cinq pages pourquoi elle ne veut plus faire de cinéma. « Je suis en exil », dit-elle, « pour toujours et à jamais. »

J'assiste à des joies et à des drames. Quelqu'un de mal intentionné parle à Florence Darel de l'attitude trouble d'Éric Rohmer pendant la guerre. Elle éclate en pleurs. Elle va tourner avec lui, elle est juive, elle ne supporte pas l'idée.

Je vais voir Greta Scacchi à Londres. Elle me reçoit dans sa maison, elle est touchée que je me sois spécialement déplacé. Je téléphone à Isabella Rossellini à New York, en faisant attention au décalage horaire. Plus mon cœur bat la chamade, plus je me sens vaillant. Tout est possible.

Fabienne Babe, Juliette Binoche, Sandrine Bonnaire, Isabelle Huppert, Annie Girardot, Myriam Mézière, Héléna Noguerra, je les rencontre toutes. Celles qui me font rêver et dont j'arrive à avoir les coordonnées. Plus les actrices sont nombreuses à dire oui, plus il m'est facile d'en convaincre d'autres. Je leur fais signer une lettre-type dans laquelle elles acceptent un jour de tournage, sous réserve de leurs disponibilités. J'essuie peu de refus.

De dos, je reconnais Catherine Deneuve, rue Bonaparte. Dans son sillage j'accélère le pas, arrive à sa hauteur. Dans le film, les actrices vont parler de leur métier, de leur passion, comment elles se préparent, du dit et du non-dit, de la gestuelle, de l'importance de la lumière, de la voix, des costumes, des rencontres avec les metteurs en scène, avec un rôle, des interférences avec la vie, de la relation avec leurs partenaires de jeu. Catherine Deneuve me dit d'appeler son agent. Les agents, j'essaie de les éviter. Quel intérêt pour eux ? Il faut avoir un contact direct, personnel, faire passer sa flamme.

Quand je suis face à une actrice, il n'y a plus qu'elle qui compte. Unique. Toute l'attention focalisée. Le film se construit en fonction d'elle.

Maruschka Detmers m'invite à venir la voir sur ses tournages en banlieue parisienne. J'y croise Gérard Depardieu, il sort de sa caravane. Les acteurs ont sur les tournages des caravanes qui leur servent de loge. Il me dévisage d'un drôle d'air. Me voit-il comme un potentiel rival ?

Je la rejoins sur un autre film, dans les Cévennes. Maruschka me demande si je veux rester la nuit, je dis non, c'est gentil. Rien. Il ne se passe rien. C'est avec la caméra que je veux la prendre.

Je retourne à Paris. Jean-Claude Brialy propose que nous fassions la route ensemble. Il a un chauffeur et un petit chien, qu'il tient dans ses bras.

Jean-Claude Brialy me donne les coordonnées d'Arletty. Arletty est aveugle, elle ne veut plus apparaître à l'écran, mais prêter sa voix, oui. Je lui souffle les répliques. Ma feuille de dialogues tombe par terre, elle la sent tomber et la ramasse, sans plier les jambes, avec une élasticité de danseuse. Malgré ses 92 ans, elle est plus souple que moi. Je l'enregistre. Elle a la même gouaille que dans *Les Enfants du paradis*.

A

Je pense intituler le film *A*, pour être le premier répertorié dans les Dictionnaires du cinéma. Cela amuse l'écrivain et journaliste Jacques de Decker, il annonce le tournage prochain du film, dans une brève du journal *Le Soir* dont il dirige les pages culturelles.

J'ai 23 ans et je vais tourner mon premier long métrage.

G.

Est-ce parce que le projet est trop flou ? Trop fou ? Comment, avec tant d'actrices, avec en main une partie du financement, je ne trouve pas de coproducteur français ? Je finis par en trouver un, G. Je signe avec lui. G. ne trouve pas de financements en France et il ne veut pas faire le film avec les seules subventions belges. Le Ministère belge ne marche pas, il faut d'autres financements que l'avance sur recettes… pour avoir l'avance sur recettes. G. me demande un dédit si je veux poursuivre l'aventure.

Canal+ est partant, pour un petit montant, si je trouve un autre producteur en France.

S.

Les agents, S., elle les invite aux festivals et aux cocktails. S. est relations publiques. Elle trouve excellente l'idée de proposer aux actrices des rôles d'apparition. Elles adorent cela, être mystérieuses. S. trouve l'actrice américaine qui manque à la distribution. Elle convainc l'impresario de Margaux Hemingway, je vais tourner avec la petite-fille d'Ernest Hemingway ! Je rembourse G. des frais engagés (qu'il gonfle). S. veut se lancer dans la production. Je signe avec elle. S. s'engage à compléter le financement. Les dates de tournage sont posées.

Frédéric Bonnaud

Il est étudiant comme moi, de Török. Même promotion. Relation amicale. Quand des brèves annoncent dans les journaux la préparation du film, il me traite de mythomane.

Il est aujourd'hui directeur de la rédaction des *Inrockuptibles*. Il écrit dans les journaux les plus prestigieux, a une émission à la radio, est chroniqueur à la télévision.

Veillée d'armes

Exercice proposé à certains cours d'acteurs : imiter un animal, donner avec les mimiques du visage une identité bestiale. Par la gestuelle, la quintessence.

Maria de Medeiros dans *A comme Acteur*. Photo Frédéric Remouchamps

S. obtient une suite gratis à l'Hôtel Raphaël. J'y tourne avec Maria de Medeiros la scène où, allongée sur le lit, elle cligne des yeux, comme un rhinocéros. Maria n'est plus libre, ensuite.

Le rhinocéros fait un clin d'œil, avant de charger. Fausse indolence.

Maria s'adresse droit à la caméra, elle donne ses conseils de jeu.

Je répète avec les acteurs principaux, Michel Feller et Florence Darel. Ils vont incarner le couple qui décide de vivre sa vie comme un film.

Michel Feller est Belge. Il vient de tourner dans *L'Enfant de l'hiver* d'Olivier Assayas.

Je vois chaque membre de l'équipe, pour la préparation et les repérages, entre Bruxelles et Paris.

Florence Darel et Frédéric Sojcher sur le tournage d'*A comme Acteur.* Photo Olivier Hennebert

S. est fière de trouver des sponsors, les stylos Montblanc, Orangina… Avoir de l'Orangina à boire à volonté pendant tout le tournage : quelle bonne nouvelle.

Elle doit revoir Canal+, signer les contrats.

Margaux Hemingway

Margaux pose nue pour *Play-Boy.*

Margaux est grande, blonde, un charisme inouï. Elle me montre comment elle peut toucher le bout de son nez avec sa langue. Elle parle français, avec l'accent américain. Elle a une caravane pour se reposer entre les prises. La taille de la caravane, fixée par contrat. Elle m'invite à l'y rejoindre quand je veux, je n'y vais pas, je préfère me concentrer sur la mise en place des prochains plans. Margaux a quatre jours de tournage. Au bout de ces quatre jours, S. décide la suspension des

Michel Feller (de dos), Margaux Hemingway et Frédéric Sojcher sur le tournage d'*A comme Acteur*.
Photo Olivier Hennebert

prises de vues. Pas assez d'argent pour poursuivre. L'équipe veut continuer, mais je ne peux rien faire face à cette décision « irrévocable ». Elle est responsable de la « bonne fin » du film.

À la gare du Nord

Au bout du quai, arrive le train de Bruxelles. Anxieux. Jacqueline Pierreux, je l'attends comme le messie. Elle est responsable à la RTBF, la télévision belge, du service cinéma. Elle s'engage dans *A comme Acteur*. Quand le tournage s'arrête, elle annule tous ses rendez-vous pour venir, à Paris, voir ce qui se passe. Accompagnée de Dominique Standaert, le directeur de production pour la partie belge du film, comment va-t-elle réagir ?

Elle décide de rapatrier les techniciens de la RTBF engagés sur le film, tout en m'assurant de son soutien.

Au même moment

Thomas Langmann joue le rôle principal dans le film de Chantal Akerman, *Nuit et jour*, qu'elle tourne à Paris, avec une équipe belge (composée pour partie de techniciens de la RTBF).

Comment je deviens enseignant

Jean-Paul Török tient une permanence dans les caves des tours Tolbiac. Là, sont entreposées des centaines de copies de films. Il reçoit les étudiants pour parler de leurs projets de maîtrise ou de DEA. Il me propose de devenir chargé de cours et d'écrire une thèse. Jamais je n'enseignerais le cinéma sans cette interruption de tournage. Il m'aide parce qu'il compatit. Török, avant d'être maître de conférences, réalise des films pour la télévision scolaire. Il fait un reportage sur Godard. Godard met sa main devant l'objectif de la caméra et assène : « Le cinéma est mort. » Török réalise un court-métrage sélectionné dans la compétition officielle à Cannes, mais ne parvient pas à passer au long.

Certaines personnes sont d'autant plus généreuses quand elles vous voient au fond du trou qu'elles s'identifient à vous.

Nous décidons d'écrire un nouveau projet de film ensemble.

Jean-Luc Godard

Godard affirme dans une interview que son rêve aurait été, non pas d'être cinéaste, mais d'enseigner le cinéma à la Sorbonne.

Sans lui, point de salut

Török est distrait. Un jour, il donne cours avec un coton-tige dans l'oreille.

Relation trouble, il me met le pied à l'étrier, il est à la fois généreux et tyrannique, pique des colères quand j'ose le contredire, il a ses idées sur tout, sur le cinéma, sur la politique, sur une recette de cuisine, il n'est pas question d'avoir un autre avis. Il ne peut pas être mon directeur de thèse, il faudrait pour cela qu'il soit professeur ou qu'il ait une habilitation à diriger les recherches, il n'est « que » maître de conférences. Tout est très hiérarchisé en France. Mais grâce à lui, je donne, avec d'autres doctorants, des cours aux étudiants de licence.

Entre parenthèses

Quand le tournage s'arrête avec Margaux Hemingway, le téléphone ne sonne plus.

Du jour au lendemain, je passe de cinéaste prometteur à pestiféré.

Muriel a des éclats de rire, comme un cheval, ses gloussements me plaisent et m'attirent.

Plus de rires.

Pendant des années, S. l'affirme, tout va redémarrer.

Jacqueline Pierreux demande à Dominique Standaert de faire un état des comptes. Pierreux soupçonne S. de détournement, le tournage s'arrête le jour du virement de la part belge. Un procès ne rend pas un film. J'ai la diarrhée.

Je monte les rushes tournés, je réécris le scénario, nous tentons une médiation avec S., nous partons à la recherche de nouvelles coproductions. Des glaires dans les selles.

Quand un tournage s'arrête, il ne reprend pratiquement jamais. Il y a quelque chose de l'ordre de la croyance dans la réalisation d'un film.

On pardonne l'échec dans le cinéma moins qu'ailleurs. Combien de cinéastes abandonnent… Du sang.

Le gastro-entérologue diagnostique une rectocolite hémorragique, maladie auto-immunitaire, elle touche proportionnellement davantage une population d'origine juive soumise au stress.

L'Âme damnée

S. a un associé. Un réalisateur qui tourne deux longs métrages, qui ne marchent pas, il veut se reconvertir dans la production. B., qu'il s'appelle. Comme une série B.

C'est lui qui lui donne des conseils, lui qui convoque l'équipe pour annoncer la suspension du tournage. Il est juif et il joue de ses origines pour me dire que, jamais, il ne peut me trahir. Je me demande à quel point il n'agit pas dans une sorte de folie de la revanche à prendre. On sous-estime souvent la part irrationnelle lorsqu'il y a mélange d'ambitions artistiques et de petits pouvoirs.

Dominique Standaert

Dominique règle les créanciers. Sans assainissement des comptes, rien n'est possible. Il est le seul à continuer à avoir une rétribution sur le film. Pierreux en fait une question de principe. Il donne son avis sur les nouvelles versions du scénario, sur lesquelles je m'épuise.

Dominique rêve d'être réalisateur. Dix ans plus tard, il va réaliser son premier long métrage.

Dix ans plus tard

Thomas Langmann devient, comme son père, producteur. Aujourd'hui, il est l'un des plus puissants producteurs en France.

Les techniciens de la RTBF ne travaillent plus sur les tournages de longs métrages (restrictions budgétaires).

La poudre blanche

Premier cours. Je demande aux étudiants de prendre une feuille blanche pour apprendre à se connaître. Instaurer mon autorité.

J'écris le cours dans un cahier, j'ai une leçon d'avance sur les étudiants. Sept heures cinquante, le matin. J'avance comme un zombie. Dans le hall, au rez-de-chaussée des tours Tolbiac, tables et bancs en béton. Je dépose le cahier sur l'une des tables, sans faire attention. Je veux m'asseoir pour répéter la leçon avant de me rendre dans la salle où je retrouve les étudiants, au treizième étage. Une fumée blanche se répand. Le dealer qui expose sa dope sur la table est fou de rage : je crois qu'il va me tuer.

Le regard des autres

Jacqueline Aubenas continue de me recevoir dans son salon, mais ce n'est pas tout à fait pareil. Avant le tournage d'*A comme Acteur*, elle dit : « Pierreux et moi, nous sommes vos deux Jacqueline, vos deux mamans cinéma. » Le tournage interrompu, elle ne le dit plus.

Le suicide

Margaux Hemingway, aux États-Unis, met fin à ses jours. Dans une série *trash* sur les stars déchues, j'apprends à quel point elle vit mal de ne pas pouvoir se reconvertir, de manne-

Margaux Hemingway dans *A comme Acteur*. Photo Olivier Hennebert

quin en actrice, de la *jet set* à l'émulation artistique. C'est une série télévisuelle américaine de reportages, dans laquelle mon film n'est pas cité, rayé jusque dans le curriculum vitae des acteurs ratés. Pour les Américains, les films européens n'existent pas. Alors, un film inachevé…

Jean Cocteau

« Le cinéma c'est la mort au travail », c'est la citation de Cocteau que m'envoie Truffaut dans sa dernière lettre.

L'art des spectres.

Elle me quitte

Muriel part au Liban. Que je parte avec elle ? Elle ne me le propose pas. Elle rejoint là-bas un aventurier journaliste. Quand elle revient à Paris, elle réalise un court-métrage avec Florence Darel, *Tout doit partir* (c'est le titre), mais la pellicule dans la caméra est mal exposée. Ce qu'elle tourne est inexploitable.

C'était bien

C'est le titre du scénario sur lequel nous travaillons, Jean-Paul Török et moi.

Cette histoire d'un homme qui, quand il revient chez lui, découvre que sa femme a disparu… en emportant tous les meubles… n'intéresse pas Jacqueline Pierreux. Je n'arrive pas à trouver un producteur.

Bureau 317

Entre le Jardin du Luxembourg et l'Observatoire, dans le très chic 6ème arrondissement, l'institut Michelet. Bâtiment en briques rouges qui date des années 1920, architecture éclectique qui mélange les influences siennoise, florentine et d'Afrique noire musulmane. Au troisième étage, Jean A. Gili, Jean-Paul Török et Christian Viviani se partagent un bureau. Les trois enseignants titulaires en études cinématographiques de l'UFR d'histoire de l'art et d'archéologie ont en commun d'avoir été ou d'être encore critiques à la revue *Positif*. Certains parmi leurs collègues historiens de l'art ou archéologues ne leur portent pas crédit, pour eux une revue qui suit l'actualité de la sortie des films ne vaut pas une revue scientifique, et le cinéma n'égale pas les autres arts et l'archéologie. Jean A. Gili est spécialiste de la cinématographie italienne, il a un petit accent niçois. Christian Viviani de la cinématographie américaine, il est taiseux.

Le bureau 317 est minuscule. Il est envahi de mémoires et de scénarios d'étudiants. Nous sommes réunis pour parler de la répartition des cours.

Après des départs à la retraite, après la mort de Pierre Jenn, de nouveaux postes sont ouverts au concours. Je ne peux y poser candidature, je n'ai pas encore soutenu ma thèse.

Nicole Brenez, connue pour ses recherches sur le cinéma d'avant-garde, expérimental et militant, est nommée. Lunettes, élancée, belle et intelligente. Théoricienne. Török et elle se regardent en chiens de faïence. Gili, pour essayer de détendre l'atmosphère, dit : « Nous sommes comme dans la cabine des Marx Brothers. » Dans le film des frères Marx, une dizaine de personnes sortent d'une cabine de bateau toute petite, qui ne peut les contenir. Effet comique. À la réflexion de Gili, personne ne rit. Un étudiant frappe à la porte : « Je voudrais parler à Monsieur Török. » Török s'esclaffe : « Quoi, Monsieur Török ! Vous voyez bien qu'il n'est pas là, Monsieur Török ! »

Frédéric et Isabelle à Ostende. Photo Frédéric Remouchamps

Ils me chargent de m'occuper de l'insertion professionnelle des étudiants (leur trouver des stages), tout en continuant à assurer des TD à Tolbiac et en finissant ma thèse sur le cinéma belge.

Coup de foudre

Je m'installe à son côté (il n'y a pas de place numérotée). Elle mange des cerises, mon fruit préféré, je lui demande si elle peut m'en donner. Engager la conversation. Isabelle, elle s'appelle. J'ai trois heures pour avoir son numéro de téléphone. Le TGV n'existe pas encore, entre Bruxelles et Paris.

Mes petites amoureuses

François Truffaut l'affirme : il ne peut s'entendre avec une femme que si elle aime les mêmes films que lui.

Isabelle et moi, nous avons les mêmes goûts. Il n'y a que le film de Jean Eustache, *Mes petites amoureuses*, qui nous divise. Elle le trouve triste et misogyne.

Eustache, c'est Truffaut aux émois exacerbés. Au générique de *Mes petites amoureuses*, au poste de « conseiller technique » : Johnny Walker, la célèbre marque de whisky.

Hadelin Trinon

Dernière soirée avec Isabelle – et Hadelin Trinon–, avant son départ pour Katmandou. Hadelin parle des films, comme autant d'histoires vraies quand il n'est pas ivre, et ce soir il est sobre. C'est curieux comme il transmet son désir. C'est dans ce qui émane de lui. Elle ne veut pas faire de cinéma. Est fascinée comme moi par sa manière de parler des films.

Isabelle s'engage dans une mission humanitaire. Que je parte avec elle sur les routes ? Elle ne me le propose pas. On ne se connaît pas encore assez. Ce soir, elle le regrette.

Hadelin Trinon. Photo Olivier Hennebert

Je vais l'attendre.

Hadelin Trinon, mort dans la cage d'escalier de son immeuble. Combien de temps est-il resté, après sa chute, à agoniser ?

J'écris sa mort à Isabelle. Gainsbourg décède quasiment en même temps. Je lui écris tous les jours des lettres, portées par des sherpas, sur les sentiers de l'Himalaya.

Correspondance.

Tenir

Je relis les lettres de François Truffaut. « Le cinéaste doit avoir deux qualités : tenir et s'adapter. » Ou encore : « Le cinéma est un art réaliste, sinon rien. »

Le grand cinéma explore la part non visible.

Une deuxième chance

Je soutiens ma thèse à la Sorbonne, avec, comme président d'honneur, le cinéaste André Delvaux, qui se déplace spécialement de Bruxelles.

Nicole Brenez, pour me féliciter, m'offre l'*Anthologie des films invisibles*, à propos de projets qui ne se sont jamais réalisés.

Elle est la seule, parmi les enseignants titulaires, à me faire un cadeau.

Amateur

Nouveau projet de long métrage.

Isabelle devient la femme de ma vie. Celle à qui je raconte tout, ma complice.

Je compte intituler le film *Amateur*. Étymologiquement, amateur : celui qui aime.

J'écris seul le scénario.

Hal Hartley, le cinéaste indépendant américain, réalise un film qui porte ce même titre, *Amateur*. Je dois en changer.

Je me fais recaler à l'avance sur recettes, en France.

Benoît Lamy

Benoît Lamy est cinéaste. Jacqueline Pierreux pense que c'est lui qui doit me produire.

Il est moins connu qu'André Delvaux, mais il est une référence, l'un des seuls cinéastes francophones à connaître un succès public en salles, dès son premier long métrage, un film avec Jacques Perrin et Claude Jade, l'une des actrices fétiches de François Truffaut.

Il coproduit des films de réalisateurs français et, à dose homéopathique, d'autres réalisateurs belges.

Il veut que je travaille avec un scénariste à une nouvelle version. Pierreux finance l'écriture.

Soirées arrosées, chez lui, avec Pierreux et Isabelle. Parler de tout, sauf de cinéma.

Combien de fois je cherche à le joindre, pour évoquer le script… Combien de fois il ne nous rappelle pas. Le scénariste et moi, en roue libre.

Il a son propre projet. Il s'associe avec Pierreux. Il n'a plus le temps de s'occuper du mien, quand le sien se concrétise.

Sur le tournage de *Combat de fauves*, il se dispute avec Richard Bohringer. L'acteur prend le pouvoir. Lamy reste évanescent sur cette dépossession, le tam-tam de la profession est impitoyable. Le film est un échec commercial, il ne sort pas en France. Je ne me réjouis ni ne m'apitoie. Indifférence des réalisateurs pour ce qui arrive à leurs confrères. J'ai aujourd'hui davantage de bienveillance.

Train

Les années passent. Toujours, entre Paris et Bruxelles.

Il n'est plus possible de resquiller. Un préposé des chemins de fer à l'entrée de chaque wagon contrôle le billet avant l'entrée dans le train. Il faut réserver sa place, numérotée, à l'avance. Thalys, qu'il s'appelle, le TGV entre Paris et Bruxelles. Thalys profite de son monopole pour pratiquer des tarifs exorbitants. Au kilomètre, il revient trois fois plus cher au voyageur que le TGV hexagonal.

Sur le quai de la gare du Nord, c'est l'hiver, c'est la nuit, il fait froid, nous sommes deux cents à attendre depuis deux heures. Pour faire plus de profits, le consortium Thalys supprime les conducteurs de garde dans les gares et les locomotives de remplacement. Dès qu'il y a un problème, les retards s'accumulent. Je vois, dans la foule des passagers qui piétinent, la ministre belge des transports. On ne se connaît pas, mais elle ne s'étonne pas quand je l'accoste. La ministre écolo s'échine à me faire le panégyrique des sociétés à capitaux mixtes. « Sinon, rien ne serait possible », elle m'affirme. Son grand dadais de fils, qui comme nous se les gèle, bonnet péruvien sur la tête, opine. Elle n'y voit aucun problème, à ce qu'une société privée profite des gares et de l'infrastructure ferroviaire, que Thalys se fasse du fric sur le dos des contribuables.

Le casting idéal

Nous obtenons l'avance sur recettes belge. Difficulté à trouver un coproducteur français. Le casting va être déterminant, artistiquement, pour que le projet se concrétise.

Benoît Poelvoorde ne se voit pas avec Marie Gillain. « Je ne suis pas crédible au bras d'une belle femme. » Il ne s'imagine pas en jeune premier. Je le comprends, son complexe physique rejoint le mien. Isabelle lève les yeux au ciel.

Marie Gillain me donne un accord enthousiaste, elle m'écrit pour me dire combien : « le scénario est formidable ! »

Champagne, avec Isabelle.

Regarde-moi

Philippe rencontre Ariane. C'est l'été, elle lui propose de partir en vacances avec elle, en Grèce, sur une petite île paradisiaque où vit son père. Ils sont accueillis chez lui, Ariane refuse de coucher avec Philippe. Philippe filme Ariane et on sent dans sa manière amateur de la filmer tout son amour. Sa caméra disparaît, puis réapparaît. Le meilleur ami du père est filmé et assassiné. Philippe mène l'enquête. Qui tue ? Qui filme ? Il découvre l'horreur. Ariane s'enfuit. Il est face au père.

Je devrais faire une psychanalyse.

Coralie à Symi

C'est à Symi, à côté de Rhodes, en face de la Turquie, là où je veux tourner *Regarde-moi*, que j'observe, adolescent, Coralie. Son père organise des ballades pour les touristes, en voilier, pendant l'été. Le reste de l'année, il reste sur l'île, sans rien faire. De sa fille, qui a 15 ans, il dit qu'elle est « bandante. » Il est saoul. À maman, il propose une partie de « rentre dedans ».

Coralie a des cheveux roux sur le bleu électrique de la mer Égée.

Coralie devient Ariane. Le père, un monstre dans un décor de rêve.

Si l'agent de Marie Gillain lui déconseille de tourner le rôle d'Ariane, est-ce à cause de l'inceste ? Ou à cause de Marc Dutroux ? L'assassin pédophile fait la une de l'actualité, en Belgique et à l'étranger. Hystérie collective. *Vox populi*. On ne s'attaque pas aux enfants impunément. Que fait la police ? Et les politiques ? Théorie du complot.

Affinité élective

Marie Gillain se rétracte.

J'ai rendez-vous avec Cécile de France, pour le rôle principal. Café qui donne sur les quais de la gare du Nord, à Paris. Elle n'est pas encore l'une des actrices les plus connues en métropole, elle ne tourne pas encore aux États-Unis avec Clint Eastwood. L'inceste et la pédophilie ne l'effraient pas.

Elle porte une salopette, les cheveux en pétard, n'est pas maquillée. Je ne vois pas la féminité cachée, sa lumière. D'elle, je dis au producteur : « Elle est comme un sac. » Quelle clairvoyance.

La direction d'acteur

Le cinéaste Bertrand Blier regarde les séries télé débiles le soir, tard dans la nuit. Il dit : « Si un acteur tire son épingle du jeu avec un mauvais scénario et avec une mauvaise mise en scène, c'est qu'il est vraiment bon. »

François Truffaut m'écrit : « Dans votre jeu, *Silence, on tourne*, vous ne donnez pas une assez grande importance aux acteurs. C'est pour eux qu'on veut faire un film. Pour ou contre eux. Mais il y a toujours *quelque chose* entre eux et nous, les metteurs en scène. Le cinéaste est *un voyant*, il donne à voir ce que l'acteur ne veut pas montrer ou ignore de lui. Le cinéma, de l'ordre de la révélation. »

Tout est affaire de croyance. Surtout, le rapport entre un cinéaste et son acteur.

La direction d'acteur, c'est le crédit que l'acteur porte à son metteur en scène, et inversement.

Le rôle du père

Pour jouer le père, j'ai l'accord de Jacques Weber. Interpréter un monstre lui plaît. Il y a chez les acteurs de sa trempe le goût d'insuffler dans les interstices, dans un regard, dans un geste, dans une retenue… l'indicible. Ce sont souvent les acteurs de théâtre qui ont cette capacité sublime de trouer les textes, de suspendre les mots, de faire corps avec le rôle.

Jacques Weber, dans les coulisses après une représentation, au restaurant, au café, chez lui dans la grande banlieue parisienne (il faut s'y rendre en RER), dans sa voiture (nous faisons le chemin ensemble), au téléphone pour le tenir au courant de l'avancement du projet.

Jacques Weber est prêt à travailler en dessous de son tarif habituel s'il le faut, tant nous nous entendons.

Weber n'est plus libre, quand il s'agit de partir à Symi.

Second rôle

Sur l'île, la compagne du père suspectée de l'assassinat a un comportement étrange. Elle observe ses moindres faits et gestes avec un télescope.

Claire Nebout doit jouer le rôle, mais suite à différents reports de tournage, elle n'est plus libre, elle non plus.

Je rencontre une autre actrice. Natacha est d'accord pour jouer ce personnage, mais à condition qu'on le rende plus intéressant. Toutes les scènes avec le télescope n'ont, d'après elle, que peu d'intérêt pour l'interprétation. Elle fait une suggestion… elle pourrait se masturber, tout en observant le père à distance. Sidéré, je rétorque, sans réfléchir : « Tu veux dire, en simulant ou pour de vrai ? » Elle a un petit sourire : « Ah, ça, c'est toi qui décides, c'est toi le metteur en scène. »

Indications de mise en scène

Je travaille avec le chef opérateur sur l'image du film. Le côté bleu électrique de la mer Égée, avec des filtres polarisés. Une caméra scope à l'épaule, pour créer le ballet des sentiments.

Avant le tournage, je dis à l'ingénieur du son comme son travail compte pour moi. Il faut dans les scènes de tension dans la maison du père créer un malaise avec un souffle étouffant. Dans les extérieurs, le côté paradisiaque de l'île peut être contrebalancé par des sons d'ambiance, une nature envahissante. Le son, c'est l'inconscient du récit.

Sur le tournage de *Regarde-moi*, le radeau de la méduse. Photo Frédéric Remouchamps

Aléas de production

Canal+ dit non. Le coproducteur français n'apporte aucun financement. Le coproducteur grec est inexistant.

Repérages à Symi. Je pleure quand le producteur belge me dit qu'il ne sait pas si le film va se faire. Il me prend dans ses bras. Le producteur m'invite à dîner une fois par semaine, nous avons lui et moi, Isabelle et sa femme, des liens d'amitié.

Action !

Le chef opérateur se casse le pied, deux semaines avant le début du tournage. L'assistant réalisateur me propose son pote, qui sort d'une école de cinéma, pour le remplacer. Je choisis un chef opérateur plus âgé. On lui impose une équipe image qu'il n'a pas choisie.

« Si nous ne lançons pas le tournage maintenant, nous perdons l'avance sur recettes », me dit le producteur. Il n'a pas assez de liquidités pour mener le film jusqu'au bout. Il me demande de ne rien en dire aux acteurs, à l'équipe.

Le producteur, entre la Belgique et la France, se lance à la recherche de davantage de financements. Il parie sur le fait qu'une fois le projet lancé, des partenaires qui hésitent encore vont nous rejoindre.

Arte accepte de lire la douzième version du scénario (après avoir refusé la onzième).

La descente aux enfers

En Grèce, « ils » me reprochent d'être trop intello. Si je donne cours à la fac, je ne peux être un « bon praticien », il y a d'un côté la théorie et de l'autre la réalité des tournages. « Ils », ce sont les techniciens. Pourtant, je ne fais aucune citation de film, je ne dis jamais « faisons ce plan à la manière de », je n'utilise jamais de jargon universitaire – je ne parle pas de champ et d'espace extra-diégétique, de point de focalisation, de signifiant et de signifié. En France davantage qu'en Belgique, on admet qu'un critique, qu'un écrivain, qu'un philosophe, qu'un universitaire passe derrière la caméra. Mon équipe est belge. Le chef électro est celui du film interrompu avec Margaux Hemingway. Dès qu'il y a un problème, en Grèce, le dicton populaire : « Il n'y a pas de fumée sans feu » émerge dans les conversations, derrière mon dos.

Sur le plateau

Le découpage technique n'est pas respecté, faute de temps. Il faut que je le simplifie.

Le chef opérateur est mis sur la sellette par l'assistant caméra, le pote de l'assistant réalisateur. Je prends le parti du chef opérateur et me mets à dos, sans m'en rendre compte, le reste de l'équipe image.

L'ingénieur du son ne comprend pas que je privilégie l'image, pensant pouvoir retravailler le son au montage. Pour lui, le direct est essentiel.

L'acteur principal change les répliques du rôle et transforme son personnage contre mon avis. « C'est cela, ou le film s'arrête. »

Claire Nebout permet de joindre les deux parties du tournage de *Regarde-moi*.
Photo Frédéric Remouchamps

La dynamique de groupe devient implacable…

Frédéric Taddéï me dit avec le sourire : « Tout le monde devient fou, il faut que tu en fasses un livre. » Il est le mari de Claire Nebout, qui finit par faire le film (les nouvelles dates de tournage lui conviennent) ; elle est enceinte de trois mois.

Main basse sur le film

Je raconte tout. L'interruption de tournage. Comment je reprends le film avec une autre équipe et un nouveau scénario, l'acteur principal refusant de continuer à travailler avec moi. Claire Nebout est toujours là, enceinte de six mois. Cadrer son visage. Elle permet de joindre les deux parties du film, elle devient le personnage-pivot.

Bertrand Tavernier, dans la préface du livre, affirme qu'on devrait enseigner dans les écoles de cinéma les luttes intestines sur les plateaux. Histoire méconnue des coups d'état sur les tournages.

Bertrand Tavernier, c'est le François Truffaut d'aujourd'hui, la conscience du cinéma français.

Marc Isgour

Marc Isgour, je le connais depuis le bac à sable. La plus belle fille de la maternelle le choisit, lui, pour se marier. Ils ont quatre ans. Plus tard, ils ne se marient pas, mais deviennent tous les deux avocats. Avocat, comme maman rêve que je le sois.

Isgour garde son nom, ce n'est pourtant pas évident de s'appeler Maître Isgour.

Flash-back. *A comme Acteur.* Quand S. décide d'arrêter le tournage au bout de quatre jours, Marc Isgour a 23 ans, il n'est pas encore spécialiste du droit d'auteur.

Je l'appelle depuis la Grèce, où je suis en train de me faire voler mon deuxième film, *Regarde-moi*, c'est le jour de son anniversaire. Par téléphone, par fax, nous planchons, des heures, sur une convention à faire signer au producteur pour s'assurer que je reste le seul et unique réalisateur du film.

Toujours, je continue à me battre, même quand le combat semble perdu. Je suis à la lettre les conseils de François Truffaut.

La Nuit américaine

Dans son film sur un tournage de film, *La Nuit américaine*, François Truffaut donne une vision optimiste du travail en équipe. Tout le monde travaille dans le même sens, au service du cinéaste. François Truffaut est plus corrosif dans son journal de bord sur le film *Fahrenheit 451*. Il y décrit comment un conflit d'abord larvé se transforme en opposition de plus

Jean-Pierre Léaud, Jacqueline Bisset et François Truffaut dans *La Nuit américaine*

en plus franche entre lui et l'acteur principal, Oscar Werner. L'acteur va jusqu'à se faire couper les cheveux chez le coiffeur pour ne pas être raccord.

Dans une de ses lettres, Truffaut me dit : « Le cinéaste est le contraire de l'écrivain. L'écrivain crée seul. Le cinéaste compose avec le groupe. Il doit se faire médium. »

Révélations

Après la publication de *Main basse sur le film*, d'autres cinéastes me confient spontanément leurs mésaventures avec des acteurs, avec la production, avec des techniciens. Cela ne se passe pas toujours mal, mais, toujours, *quelque chose* se joue dans un rapport de force et de confiance. Toujours, quelque chose d'épique et de donquichottesque.

Tomber

Oma, la grand-mère abonnée à *Ciné-Revue*, trébuche. Accueillie dans une maison de retraite, dans la banlieue de Bruxelles. La Flandre offre aux Flamands les soins médicaux les meilleurs, bâtiment ultramoderne, infirmières avenantes et en nombre.

Je suis en Grèce, quand elle fait son malaise. À mon retour avec Isabelle, nous nous rendons à l'institution. Je ne dis rien de mes problèmes. La dernière fois que je la vois, oma, pour me montrer qu'elle peut encore marcher, entame un pas de danse.

Maman, au secours !

Papa, abattu, s'effondre. Le tournage suspendu, il pense que je suis foutu, je le vois dans ses yeux.

Maman garde la tête froide, mais elle ne peut s'empêcher de commenter : « Tu vois où cela mène, le cinéma ! »

Marc Isgour, avocat ; Isabelle, à mon côté ; j'ai 32 ans.

Maître de conférences

Juste avant que le tournage ne commence : nommé maître de conférences à l'université de Rennes.

Le maître de conférences est fonctionnaire et mensualisé ; le chargé de cours a un statut précaire et mal rémunéré.

En Grèce, un membre virulent de l'équipe : « Même pas capable d'être nommé à Paris, tu n'es qu'un universitaire de deuxième catégorie. » Lui, il n'a pas de diplôme.

Trop tard

En plein milieu du tournage en Grèce, la réponse d'Arte tombe : c'est oui. Mais il est trop tard. Elle nous serait parvenue une semaine plus tôt, le producteur aurait pu inter-

Claudio Bigagli dans *Regarde-moi*. Photo Frédéric Remouchamps

rompre le tournage, prendre ma défense, renverser la situation. L'argent, le nerf de la guerre.

Quand les responsables d'Arte apprennent ce qui s'est passé sur le tournage, il n'est plus question pour eux de participer au film.

Introspection(s)

Mes erreurs sont multiples. Ne pas un instant imaginer qu'on pourrait me déposséder de la réalisation. Péché d'orgueil. Faire le film à tout prix, sans avoir les moyens de mes ambitions, sans adapter les choix artistiques à mes moyens. Péché de gourmandise. Être trop concentré sur le film, pas assez attentif aux aléas humains, aux problèmes relationnels entre les membres de l'équipe. Péché de suffisance.

On peut éteindre un incendie quand il y a du feu dans une pièce ; quand les flammes gagnent toute la maison, il est plus difficile de le vaincre.

Si je vais jusqu'au bout, c'est que cette fois je veux coûte que coûte terminer le film.

Jamais aucun technicien, aucun acteur qui participe au putsch ne vient me voir avec le moindre regret, la moindre introspection. Même des années plus tard, quand on se croise.

La vie d'un film

Jean-Paul Bertin, le directeur de UIP en Belgique, filiale de majors hollywoodiennes, tient parole. Il distribue le film en Belgique. *Regarde-moi* doit aussi être diffusé en France, mais le producteur belge fait faillite et les droits du film sont bloqués. Longtemps, la rumeur me poursuit de cette infamie : je serais responsable de sa débâcle financière. Les faits ne tiennent pas. Sa maison de production, déjà en péril avant le tournage en Grèce (c'est l'une des raisons pour laquelle il se lance dans l'aventure – la « cavalerie » : payer les dettes de précédentes productions avec le financement d'un nouveau projet). Il produit encore un autre film et perd encore de l'argent. J'ai le souvenir de la complicité qui nous unit avant que le tourbillon ne nous emporte.

Survivre

Quand un film ne marche pas, se réfugier dans la vie sociale. Se refaire une santé.

Le club Camille Desmoulins

Notre but ? Inviter des hommes politiques, des avocats, des juges, des chefs d'entreprise, des syndicalistes, des médecins, des scientifiques… pour permettre le débat contradictoire sur les « grands sujets » de société.

Dominique Jamet choisit le nom du club. Camille Desmoulins, avocat, journaliste, est à la tête de l'hebdomadaire *Les Révolutions de France et de Brabant* dès 1789. Il y dénonce les complots de l'aristocratie contre la volonté du peuple et s'oppose au suffrage censitaire : « Un tel mode d'élection exclurait Jésus-Christ ou Jean-Jacques Rousseau. » Esprit libre, il combat avec autant de véhémence les dérives sanglantes de la Révolution. Dérive dont il est à son tour victime, guillotiné en 1794.

Au Théâtre de Poche Montparnasse, lundi, jour de relâche, Jamet est le maître de cérémonie, les séances sont ouvertes au public. Dès la première causerie, un représentant des Renseignements Généraux se présente.

Après le débat, nous dînons au *Sélect*, boulevard Montparnasse, avec nos intervenants, s'ils sont libres. François Hollande accepte notre invitation, contrairement à Patrick Devedjian, son contradicteur : « Ma femme et mes enfants m'attendent. » Hollande sourit : « Moi aussi. » À table, Hollande raconte les tractations au sein du Parti socialiste pour savoir qui peut être le candidat à l'élection présidentielle, après la défection de Jacques Delors.

Jamet est directeur de la Très Grande Bibliothèque voulue par Mitterrand. Viré de son poste, quand Chirac devient président.

Une troisième chance

Collègue à Rennes. Il m'invite à venir dormir chez lui, deux soirs par semaine, pour éviter que j'aille à l'hôtel. Spécialiste d'Alain Resnais et d'Orson Welles. L'art du montage.

Il me dit : « Tu ne dois jamais parler de l'université aux producteurs. Tu dois te présenter comme un cinéaste, pas comme un universitaire. Sinon, tu perds toute crédibilité… comme cinéaste. »

Il est obsessionnel. Il fait des courbes avec un tableau excel pour voir comment évoluent les notes de ses étudiants, entre les années de licence et de master. Quand je suis à Bruxelles, il m'appelle. On s'appelle tous les dimanches.

À Rennes, je donne des cours de scénario et d'économie du cinéma. Je coordonne des ateliers de réalisation, je fais de l'analyse filmique, je commente les extraits de grands classiques.

Je m'assieds à la table sur l'estrade de l'amphithéâtre et le pantalon craque. L'anxiété rend boulimique, j'ai grossi. Un trou de vingt centimètres. Je reste assis pendant tout le cours, n'actionne pas la télécommande, pour montrer les extraits il faudrait que je me lève. J'improvise. Parle des images des autres, sans les montrer.

Jean-Luc Van Damme

Jean-Luc Van Damme souhaite produire des longs métrages. Je vais le voir. Le pitch que je lui propose : un professeur de scénario décide d'appliquer les méthodes de la dramaturgie qu'il enseigne à ses étudiants… à la vie, pour conquérir la femme qu'il a toujours aimée.

Jean-Luc signe un contrat. Nous développons, l'écrivain Luc Dellisse et moi, le projet. Un an de travail. Puis, Jean-Luc se désengage. La raison ? « Avec toi, on n'a aucune chance de monter le film, tu es *out.* » Se rend-il compte de l'étendue du désastre quand il prend des contacts pour le financement ? Ou est-ce une excuse parce qu'il ne croit plus au projet ?

L'impression de perdre, sans mener bataille.

Hubert Toint

Il a de grosses moustaches, comme un chef gaulois. Il devient producteur pour produire ses propres films. Puis, il produit les films d'autres cinéastes. Et ne réalise plus.

Il trouve dégueulasse ce qui s'est passé en Grèce. Si j'ai un nouveau projet, que je vienne le voir.

À lui, je propose un documentaire. Toint s'y prend à plusieurs reprises pour réunir les financements.

Cinéastes à tout prix

Le titre ne doit rien au hasard, le sujet fait écho.

Portrait de trois cinéastes qui réalisent des longs métrages sans production, avec des compagnons de route qui les suivent dans leurs aventures filmiques, fidèles, parfois pendant des décennies. Dans l'équipe, parmi les acteurs, on retrouve toutes les strates de la société : le chômeur, le sacristain, l'inspectrice de police, l'ouvrier ajusteur, le professeur de lycée, le représentant de commerce… et même un sénateur. Ils veulent tourner avec costumes, décors et effets spéciaux : reconstituer la bataille de Waterloo, le débarquement de Normandie.

Le premier cinéaste tourne chaque film dans un genre différent (un péplum, une comédie musicale, un western, un film policier…), le deuxième réalise des films sur la Seconde

Jean-Jacques Rousseau, cinéaste de l'absurde.
Photo Frédéric Remouchamps

guerre mondiale, avec de vraies balles et de vrais explosifs (par souci d'authenticité, pour éviter les accidents, il collabore avec tireur d'élite et artificier), le troisième a un univers proche de l'art brut, avec savants fous, rires démoniaques, pendus, femmes androgynes, scènes de kung-fu et tortures (on ne peut jamais savoir une seconde à l'avance ce qui va se passer, on reste hypnotisé).

Le premier diffuse ses films dans les centres culturels de sa région, Visé (près de Liège), le deuxième projette ses longs métrages exclusivement dans les casernes militaires et de gendarmerie (qui lui prêtent les armes et lui donnent les muni-

Délégation pour présenter *Cinéastes à tout prix* à Cannes

tions), le troisième présente ses œuvres sous des tentes de la place des villages (cinéma forain, il aguiche les passants avec un homme sandwich, à vélo).

Jacques Hardy est professeur d'économie dans un lycée, Max Naveaux est projectionniste pour *Exploration du monde*, Jean-Jacques Rousseau (c'est son vrai nom) est homme à tout faire au Centre Culturel de Courcelles (près de Charleroi), il se désigne lui-même comme « le cinéaste de l'absurde ».

Ils ont le feu sacré.

L'enjeu est de trouver la bonne distance. Ne pas se moquer mais transmettre la fascination, sans tomber dans une vénération factice.

Les lieux du crime

Avec les cinéastes, retour sur leurs lieux de tournage. Chacun dit, droit dans la caméra, la genèse des scènes.

Histoires extraordinaires.

Ils me donnent le droit d'utiliser des extraits de leurs films. Extraits et décors où a lieu l'action alternent, dans mon documentaire. Avoir accès à leurs imaginaires.

Le syndrome du festival de Cannes

Impossible d'être reconnu comme cinéaste belge sans l'adoubement de l'une des sections du prestigieux festival. Aucun autre pays ne demande pareille prouesse à ses cinéastes.

Cinéastes à tout prix, 2004, en sélection officielle. Les cinéastes portraiturés dans le film viennent pour la première fois sur la croisette, accompagnés de leurs femmes endimanchées. Jean-Jacques Rousseau n'a pas de femme. Il vient avec son acteur fétiche, le karatéka « Belface. »

Négociations avec le service du protocole. Jean-Jacques Rousseau veut monter les marches avec une cagoule. Il n'accepte pas qu'on le photographie ou qu'on le filme à visage découvert. Dans le documentaire, il apparaît de dos ou avec son passe-montagne sur la tête. Compromis : le festival accepte qu'il s'affabule d'un chat, le masque des bals masqués.

Une délégation : Hubert Toint, le coproducteur français, les amis des producteurs, le ministre de la Culture, sa femme, des membres de son cabinet, différents participants au documentaire… en route pour la montée des marches. Benoît Poelvoorde apparaît dans le film mais il ne souhaite pas être avec nous. Est-ce parce qu'il est membre du jury ? Cela ne tient pas, le film est hors compétition. Il nous attend sur le toit du Palais, à côté des policiers d'élite qui scrutent avec des jumelles, talkies walkies allumés, les alentours. C'est l'année

Bouli Lanners sur le tournage de *Cinéastes à tout prix*. Photo Frédéric Remouchamps

où les intermittents du spectacle menacent d'empêcher les festivités d'avoir lieu, leur statut étant remis en question. Flicaille en tenue de combat : casques, matraques, cuirasses.

L'entarteur

Noël Godin entarte les personnalités françaises connues en Belgique. Bernard-Henri Lévy (BHL), dès qu'il vient à Bruxelles, reçoit dans la figure une tarte à la crème. Noël choisit ses cibles parmi les hommes de pouvoir – artistes, intellectuels, politiques – qui se prennent au sérieux. Il s'acharne sur BHL parce qu'il réagit avec rage à ses « attentats pâtissiers » – il éructe, frappe, tandis que ses autres « victimes » affectent un air dégagé (Godard prend l'attentat pâtissier dont il est victime comme un hommage aux films burlesques et mange la crème fraîche). La qualité de la chantilly dépend de l'estime portée à la cible.

J'insiste pour que Noël puisse être avec nous. Il n'a plus accès au Palais depuis l'entartage du producteur Daniel Tos-

Hubert Toint, Frédéric Sojcher et N.T. Binh à Cannes

can du Plantier (qui trébuche dans l'escalator et se casse deux côtes).

Dans le documentaire, nous découvrons comment Noël rencontre Jean-Jacques Rousseau, comment le cinéaste l'engage comme acteur. Je ne vois pas pourquoi Noël ne pourrait pas m'accompagner à la projection, comme le reste de l'équipe. Il s'engage à n'entarter personne. Arrivé en haut des marches, il se déculotte et donne son pantalon au ministre de la Culture belge. Il prétend ainsi se montrer solidaire avec les intermittents du spectacle français. Tout va très vite, des hommes du service d'ordre l'empoignent et le dégagent, *manu militari*. Au passage, il bouscule ma femme Isabelle, enceinte de Nastasjia.

Ça va, elle est quitte pour une grosse frayeur. Ni les manifestants, ni les policiers, ni Noël ne peuvent altérer l'euphorie. Nous n'avons qu'une hantise, que les spectateurs sortent pendant la projection. Pas de public plus féroce que les festivaliers.

Max Naveaux, Benoît Poelvoorde et Jean-Jacques Rousseau à Cannes

Un documentaire en salles

Sans la sélection au festival de Cannes, jamais *Cinéastes à tout prix* ne serait sorti en salles.

Et même avec la sélection, ce n'est pas facile de trouver un distributeur pour un documentaire. Sans N.T. Binh, le film resterait cantonné au petit écran.

Binh fait partie de ces critiques qui donnent cours à l'université. Je fais avec lui les voyages entre Paris et Rennes, quand j'y suis maître de conférences.

Binh a l'idée des débats, quand le documentaire sort en salles à Paris. Claire Denis, Jan Kounen, Claude Miller, Bertrand Tavernier… jouent le jeu, ils se retrouvent dans le désir des « cinéastes à tout prix » et racontent leurs débuts. Nous faisons salle comble quand ils viennent.

Je parcours les routes de France. L'exploitant m'accueille à la gare, m'accompagne à l'hôtel. L'heure de la séance approche, il m'amène devant sa salle. C'est toujours la même chose. Présentation du film. Personne. Pendant la projection, il m'invite à dîner, il s'excuse, tout en m'en voulant, je lui fais perdre de l'argent. J'anime le débat avec d'autant plus de passion que la salle est clairsemée.

Avant Cannes, Benoît Poelvoorde accorde plusieurs interviews à des journalistes belges ; sans que je ne lui demande rien, il parle avec enthousiasme de *Cinéastes à tout prix* dont il se fait le plus grand publiciste. À Cannes, il refuse de donner des interviews aux chaînes de télévision française qui le réclament, le jour de la projection. Plus je le sollicite, plus il prend ses distances. Quand *Cinéastes à tout prix* sort en salles, il ne participe à aucune promotion. Il aurait peut-être suffi d'un déclic pour attirer l'attention du public. Le film ne s'adresse pas qu'aux cinéphiles, la passion est un sujet universel.

Petites coupures

J'ai 37 ans.

André Delvaux signe son premier long métrage, *L'Homme au crâne rasé*, à 39 ans. Avant, il réalise des documentaires sur des cinéastes (Fellini, Rouch), sur le cinéma polonais. Tout espoir reste permis.

J'arrive à me faire muter de Rennes à Paris. Maître de conférences à la Sorbonne. Je rejoins l'UFR d'arts plastiques, où s'enseignent pratique et théorie.

Toutes les semaines de Bruxelles à Paris, c'est plus court que de Bruxelles à Rennes, mais depuis la naissance de Nastasjia je supporte de moins en moins ces petites coupures, ne pas savoir quand je me réveille dans quel pays je suis.

Nastasjia, nous l'appelons ainsi, à cause de Kinski. L'actrice nous fascine, quand nous sommes adolescents Isabelle et moi, que nous ne nous connaissons pas encore.

L'association des réalisateurs

Colloque organisé par Roger Lallemand. André Delvaux et les frères Dardenne y participent. Delvaux dit publiquement ne pas adhérer à leur cinéma. Leurs deux premiers longs métrages sont des échecs critiques. Ils ne sortent pas en France et ne recueillent en Belgique que quelques centaines de spectateurs. Ce n'est qu'à partir de *La Promesse* qu'ils trouvent leur voie, la cohésion entre scénario et mise en scène.

Tête des frères Dardenne, à la tribune, quand Delvaux, le plus connu des cinéastes belges à l'époque, les assassine. Ce sont eux, aujourd'hui, les cinéastes belges les plus renommés et Delvaux est oublié.

Louis Héliot

Il est responsable de toutes les activités cinématographiques au Centre Wallonie-Bruxelles, à Paris. Hommage à des cinéastes, rétrospectives, cycles, avant-premières, mais aussi liens avec les festivals, contacts avec les distributeurs français pour qu'ils diffusent des films belges. Un sacerdoce. Les cinéastes sont des vampires.

Nous coordonnons ensemble un ouvrage collectif sur les frères Dardenne. Ils nous accordent un long entretien. J'admire les cinéastes, la manière dont ils tracent un récit, leur talent pour découvrir de nouveaux acteurs.

Sans les frères

Il n'y a pas d'association des réalisateurs, en Belgique, mais une Union – puissante – de producteurs… Patrick Quinet, le président de l'Union des producteurs, l'affirme : il représente

Frédéric Sojcher et André Delvaux le jour de l'assemblée générale constitutive de l'ARRF. Photo Frédéric Remouchamps

aussi les réalisateurs. Son organisation négocie au ministère de la Culture, à la télévision, auprès des hommes politiques les règles, conventions, financements qui régissent le secteur. Mais un producteur ne peut pas défendre, d'après nous, les intérêts des cinéastes de la même manière que les cinéastes eux-mêmes.

Nous sommes vingt à nous retrouver à l'hôtel Métropole, place de Brouckère. André Delvaux accepte d'être notre président d'honneur. Jean-Claude Batz écrit la charte de l'association, il rappelle que le réalisateur est à la fois technicien et auteur, il a le « final cut », il doit participer à toutes les décisions du film. Notre regroupement a un nom : l'ARRF, l'Association des Réalisateurs et des Réalisatrices de Films. Marc Isgour rédige bénévolement nos statuts.

ARRF, comme un aboiement de chien. ARRF, comme « Association des Réalisateurs Ratés de Films ». Nos adversaires ironisent.

Beaucoup de cinéastes importants refusent de nous rejoindre. Les frères Dardenne ne voient pas à quoi sert une association de réalisateurs, ils font partie de l'Union des producteurs. Jaco Van Dormael se tâte, il assiste à notre assemblée constituante, sans franchir le pas. Frédéric Fonteyne a comme producteur Patrick Quinet…

Notre premier objectif : que les pouvoirs publics nous reconnaissent comme interlocuteur.

Un ministre de la Culture cultivé

Trotskiste, il postule à un mandat au Fonds national de la recherche scientifique dans son domaine de prédilection, la philosophie. Pas retenu. Il écrit dans le quotidien *Le Soir*, pour subvenir à ses besoins. Il interviewe Louis Michel, cacique du Parti libéral. Frappé par sa dextérité d'esprit, le politique lui propose de devenir son attaché de presse. Richard Miller accepte. Dans l'ombre de son mentor, Miller fait sa première campagne électorale, gravit petit à petit les échelons. Conseiller municipal. Député. Puis ministre de la Culture. Il aime vraiment la culture mais ne peut, faute de moyens, mener la politique à laquelle il aspire.

À l'enterrement d'André Delvaux, nous sommes trois à faire un discours. Roger Lallemand comme ami du cinéaste, lui comme ministre de la Culture, moi comme président de l'Association des réalisateurs. Il m'invite à déjeuner. Il me raconte sa vie, l'envers du décor, comment le chef de son parti lutte contre l'anxiété. Il s'arrête sur la bande d'urgence de l'autoroute, pour jouer du trombone. Il va avenue Louise, devant la vitrine d'un magasin de vêtements de marque, pour réfléchir. Le propriétaire du magasin a les nerfs de voir cet homme connu s'arrêter régulièrement devant sa devanture sans jamais entrer ni rien acheter. Isabelle mange avec nous. Elle pense que cela ferait un formidable sujet de film… les dessous de la politique belge.

Pas d'art sans critique libre

Au festival du film d'amour de Mons, le prix Coq du meilleur critique est décerné au journaliste de cinéma qui met en avant les films belges.

Le coq est l'emblème de la Fédération Wallonie-Bruxelles, qui regroupe les francophones de Belgique.

Cette année, Dominique Standaert, le directeur de production d'*A comme Acteur* devenu depuis réalisateur, est président du jury. Il fait une déclaration. Il explique pourquoi lui et les autres membres du jury prennent la décision… de ne pas donner de prix. Les critiques belges n'accorderaient pas l'importance qu'il se doit au cinéma national. Luc Honorez monte sur scène. En signe de protestation, il remet la statuette qu'il a reçue par le passé. Elle tombe par terre et elle se brise.

Dans les couloirs du Ministère de la Culture, je croise Luc Honorez. Il est à la retraite, il n'écrit plus dans les colonnes du journal *Le Soir*, il souhaite éditer un recueil de textes à partir de ses articles… Le ministre pourrait l'aider avec une subvention. Accordée !

Plus personne n'évoque aujourd'hui Luc Honorez et ses articles.

Les coulisses du pouvoir

Richard Miller m'avoue son impuissance. Ce n'est pas lui qu'il faut convaincre de moyens supplémentaires à accorder pour les productions de films belges, mais les chefs de parti de la coalition gouvernementale.

Avec les Dardenne et Patrick Quinet, nous faisons le tour des chefs de parti. Le président du Parti libéral est heureux de pouvoir parler avec les frères cinéastes auréolés de leurs palmes d'or. Il s'enquiert de savoir s'ils aiment les westerns. Le téléphone portable du président du Parti libéral n'arrête pas de sonner. Il vocifère : « Je suis occupé ! Je parle cinéma ! »

Henry Ingberg

Il est plus puissant que les ministres, car contrairement à eux il reste en place d'un gouvernement à l'autre. Secrétaire général de la Communauté française de Belgique, il a dans ses attributions l'éducation et la culture. Il met en œuvre une politique cinématographique. Il croit dans le cinéma comme vitrine culturelle. Les producteurs belges le craignent et le respectent. Il a la stature du Commandeur.

Pendant près de deux décennies il est le garant du système. Et le système entraîne un certain type de films. Les frères Dardenne et ce qu'ils montrent de la Wallonie sont autant le reflet d'une idéologie (socialiste) que les films hollywoodiens sont le vecteur du rêve (et parfois aussi du cauchemar) américain.

La nouvelle ministre de la Culture

Fadila Laanan est dans le même lycée que moi, nous avons le même âge, nous nous connaissons depuis que nous sommes adolescents. La Belgique est un village.

D'origine marocaine, elle symbolise la diversité, femme et fille d'immigrés.

Elle reconnaît l'ARRF : l'Association des Réalisateurs et Réalisatrices de Films devient un interlocuteur officiel.

Les Juifs belges

Stéphane Mandelbaum, fils d'Arié Mandelbaum, peintre et professeur à l'académie d'Uccle, commune chic de Bruxelles.

Stéphane a quelques années de plus que moi. Obsédé par le sexe et par la Shoah. L'une de ses toiles, Auschwitz avec un sexe qui bande, un homme qui se branle, à l'avant-plan. Obnubilé par la nuit, les putes derrière les vitrines, qu'il croque au crayon. Décrépie, accroupie, la pute fait une fellation. Il se marie à une pute zaïroise. À leur mariage, mélange de musiques ashkénaze et de rythmes africains. Stéphane cultive les télescopages. Il crayonne des revolvers, un browning 7,65. Il fait des croquis, avec des listes de braquages imaginaires. Première exposition à 21 ans. Tout s'enchaîne. La notoriété. Les femmes. Son mariage. La difficulté de plus en plus grande à peindre, au fur et à mesure que la reconnaissance vient. Pouvoir inventer sa vie. Stéphane rencontre M., qui lui apprend l'art du vol. « Il faut aimer voler », lui dit M., « voler comme on aime ». Stéphane découvre la même sensation que quand il peint, multipliée par dix. Il passe de l'autre côté de la toile. De petits larcins en braquages, il participe à un gros coup : le vol d'un Modigliani dans un appartement huppé de l'avenue Louise. Il a 25 ans. Il est retrouvé quelques jours après le vol, assassiné, le visage défiguré par de l'acide. C'est au cal de son doigt – un cal qui s'est enkysté, à force de peindre – que son père, Arié, l'identifie.

Un livre raconte son histoire. Je pense à une adaptation cinématographique. Cela tombe bien, le scénario existe, l'auteur du livre s'est allié avec un producteur, ils cherchent un réalisateur. Je travaille une note d'intention, des options de

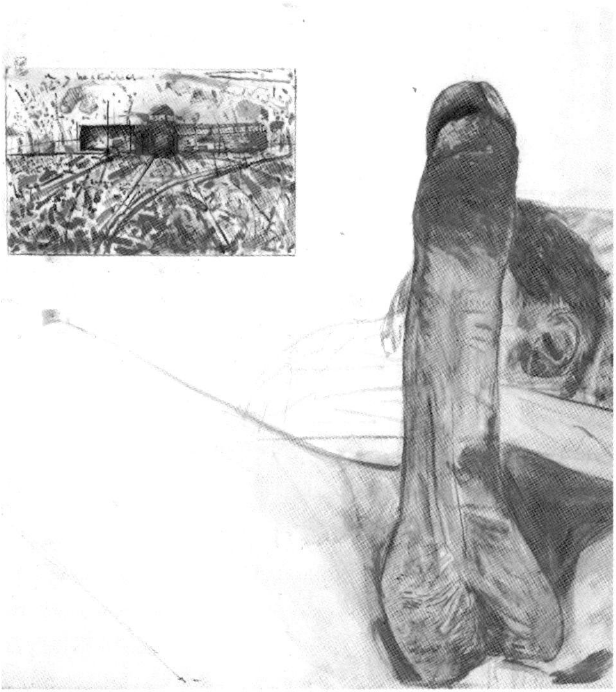

Rêve d'Auschwitz de Stéphane Mandelbaum, 1983

mise en scène. Je prends contact avec Olivier Gourmet, je vais chez lui, dans les Ardennes. Entre deux tournages, il tient un petit hôtel familial avec sa femme. Je lui propose le rôle d'Arié. Je rencontre Romain Duris pour le rôle de Stéphane. Ils sont enthousiastes. Nous déposons le projet à l'avance sur recettes. Déboutés, de peu. Ils proposent le scénario à un autre réalisateur, plus connu. Romain Duris accepte de les suivre. Pas Olivier Gourmet : « C'est avec toi que je fais le film ou je ne le fais pas. »

Le film ne se fait pas.

Les progressistes

Ils sont plusieurs de la génération de papa à défendre une cohabitation entre Israéliens et Palestiniens. La paix.

Georges Goriely, professeur de sociologie. Invité à goûter par papa et maman, ils lui proposent de choisir parmi plusieurs pâtisseries. Sa femme : « Tu veux un misérable ? ». C'est le nom du gâteau, mais il vocifère : « Misérable, ma femme me traite de misérable ! »

Chez lui, il écoute deux émissions de radio, simultanément, l'une pour l'oreille gauche, l'autre pour l'oreille droite.

Marcel Liebman, professeur d'histoire, combat à la fois les positions du gouvernement israélien et l'antisémitisme. « Ils sont relativement nombreux, les Arabes de chez nous, les jeunes Arabes, qui expriment de la haine en recourant à des thèmes aussi éculés que la richesse des Juifs. Interrogez les enseignants qui ont des classes où il y a beaucoup de Marocains. Leurs témoignages ne laissent pas de doute à cet égard », écrit-il. L'antisémitisme attisé par le conflit entre Israël et les Palestiniens. Effets sismiques. Répliques.

Ils sont aussi des « fils de »

Riton est le fils de Marcel Liebman. Dans *Préparez vos mouchoirs*, il couche avec Carole Laure et lui fait découvrir l'orgasme – avec les autres elle est frigide, c'est lui, le puceau, qui la fait jouir.

Serge, le fils de Georges Goriely, est sélectionné pour *La Course autour du monde*, jeu télévisé. Chacun des candidats – un Belge, un Canadien, un Français, un Suisse – réalise chaque semaine un reportage dans un pays différent et se voit ensuite attribuer des points par un jury de journalistes.

Riton monte à Paris et tente la carrière d'acteur, tourne dans plusieurs films. Connu par les gens du métier, il ne réussit pas vraiment à percer.

Serge tâtonne, rêve de réaliser une fiction, n'ose pas se lancer, se demande comment survivre financièrement.

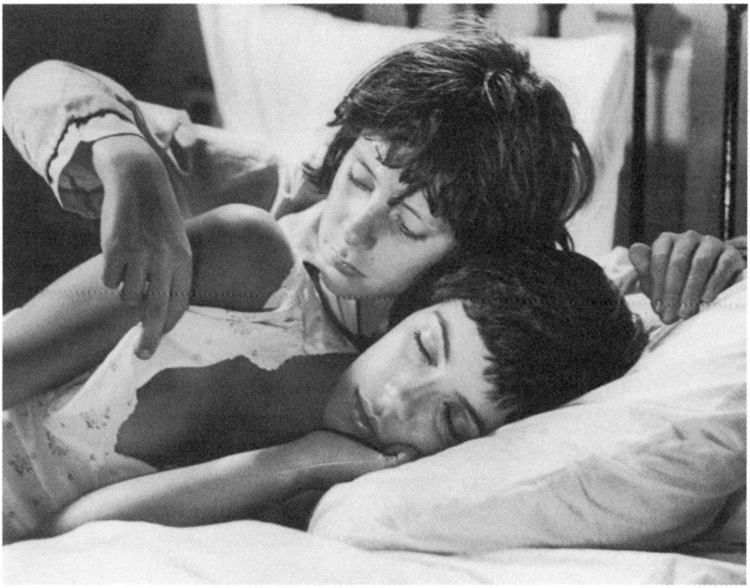

Riton Liebman et Carole Laure dans *Préparez vos mouchoirs* de Bertrand Blier

Il écrit un livre sur l'Apocalypse dans le 7ème art.

Mais comment se fait-il que nous, les rescapés de la seconde génération, nous fassions tout ce cinéma ?

Kaliski et les Kalisky

René Kaliski est auteur de pièces de théâtre hantées par la Shoah. Le père de René, Polonais, immigre en Belgique avant guerre, avant sa déportation à Auschwitz.

René, c'est la France qui le reconnaît comme dramaturge, avant la Belgique. Ses pièces montées à Avignon, par Antoine Vitez sont éditées à Paris, où il va vivre. Quand il revient à Bruxelles, il dort chez papa et maman, qui n'ont pas encore divorcé, avec sa femme, dans mon lit ; je leur cède ma chambre. Il dit que ce n'est pas bon les coussins, pour le dos. Il meurt peu de temps après, d'un cancer généralisé.

René Kaliski, avec i, se différencie de sa sœur et de son frère, les Kalisky, qui eux gardent le nom d'origine, avec y.

Jacques Sojcher, Christian Bourgois et René Kaliski. Photo Katina Avgouloupis

Sarah Kalasky, la sœur, peint des toiles. Sujets : les génocides, les bourreaux, la barbarie. Elle est obèse, exubérante, elle me prend dans ses bras quand elle me voit, au bord des rires et des larmes. Elle a un amour possessif pour son fils unique, Jonathan. Mamma juive. Toujours, elle me parle de lui.

Enfant, avec Jonathan, nous faisons des blagues téléphoniques, avec scénarios, bruitages et mise en scène.

Acteur, Jonathan, à Paris, se fait un nom. Zaccaï. « J'aimerais faire un documentaire sur toi et ta mère. » Il manque de s'étouffer : « Tu veux la fin de ma carrière ? »

Papa organise des expositions au Musée juif, pour faire davantage connaître Sarah. Quand elle meurt, il appelle Jonathan pour les condoléances et voir avec lui comment lui rendre honneur.

Hitler à Hollywood

1945. Franklin Roosevelt, président des États-Unis, dit : « Envoyez les films américains, les produits américains vont suivre. » À partir de là, inventer une intrigue, un complot ourdi par Hollywood pour empêcher le cinéma européen d'exister. Mélange de fiction et d'archives, de thriller et de comédie. *Road movie*, retour sur les lieux mythiques du cinéma en Europe : Paris, Berlin, Venise, Londres…

Micheline Presle

Je pense à Danielle Darrieux. Dans le film, chacun joue son propre rôle. Elle aurait sans le savoir été témoin du complot, détiendrait la clé de l'intrigue. Elle dit oui, puis au moment où la production se monte, non.

Je contacte Micheline Presle, je me rends chez elle. Je lui parle du refus de Danielle Darrieux, son « éternelle rivale ». Chaque génération d'acteur a ses têtes d'affiche, qui se partagent les rôles. Elles sont les plus grandes stars des années 1940.

Micheline accepte de tourner dans *Hitler à Hollywood*. Elle dit : « C'est la première fois qu'on me propose de devenir un personnage de bande dessinée ». Elle est curieuse, à 88 ans. Intuition de l'acteur. Dès que nous nous rencontrons, c'est l'évidence.

Maria de Medeiros

Quintessence de l'actrice européenne. D'origine portugaise, elle vit à Paris. Elle parle portugais, français, anglais, espagnol, allemand, italien. Nous avons tourné ensemble…

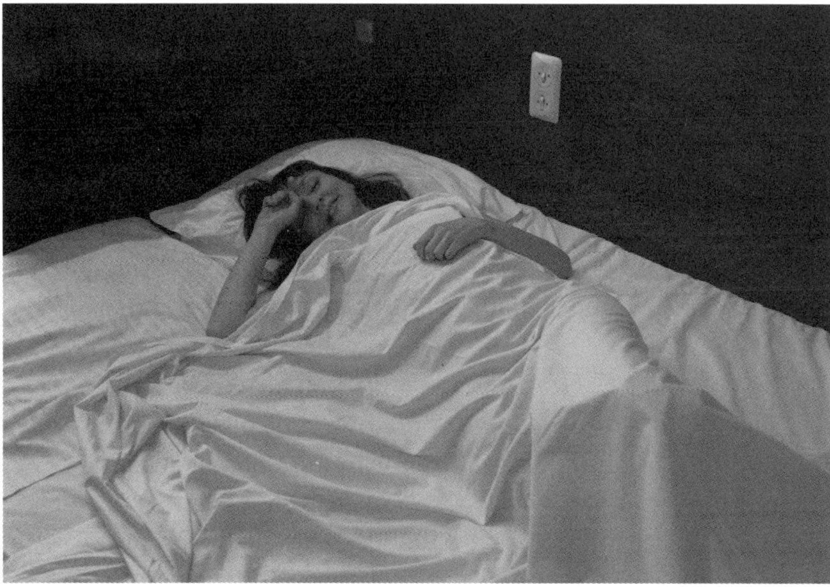

Maria de Medeiros dans *Hitler à Hollywood*

vingt ans plus tôt. Maintenant elle réalise aussi des films. Elle a mon âge.

Catherine Rihoit

Elle m'aide à structurer *Hitler à Hollywood.* Elle a l'idée du titre. Elle invente l'intrigue autour de Micheline et de Maria.

Le pitch

Maria de Medeiros fait un documentaire sur Micheline Presle, une grande actrice qu'elle admire. En faisant son documentaire, elle s'aperçoit que la star a dans sa filmographie un titre inconnu… mais pour Micheline, c'est ce film qui compte le plus. Maria essaie de retrouver des traces du film, du réalisateur. Maria, c'est Tintin au pays du cinéma. Comme le célèbre reporter, elle veut connaître la vérité et une fois qu'elle commence son enquête, rien ne peut plus l'arrêter.

Carlo Varini sur le tournage d'*Hitler à Hollywood.* Photo Frédéric Remouchamps

Couleurs

Au départ, ce n'est pas Carlo Varini qui doit être chef opérateur, mais Jean-Marc Ferrière.

Jean-Marc, je le rencontre sur les bancs de la Sorbonne, quand j'y suis étudiant. Il se demande si je ne suis pas pédé, tellement je suis gentil, c'est ce qu'il me dit, les Parisiens n'ont pas l'habitude de comportements sympathiques et désintéressés, pas le côté « bon enfant » des Belges.

Jean-Marc monte un à un les échelons de la hiérarchie. Il est chef opérateur sur deux longs métrages, juste avant *Hitler à Hollywood.* Le temps semble venu de travailler ensemble.

Je ne souhaite pas une image réaliste. Nous avons l'idée de polariser les couleurs vives sur les acteurs principaux et de dé-saturer le reste de l'image. Il est possible d'obtenir cet effet en postproduction, par un système de masques posés avec un ordinateur sur des parties de l'image. Nous faisons des essais avec un étalonneur.

Puis, CRASH. Jean-Marc a un accident de moto. Une voiture lui fonce dessus, en plein Paris. Pendant des mois, il ne sait pas s'il va encore avoir l'usage de ses jambes.

Carlo Varini a une plus grande expérience comme chef opérateur que Jean-Marc, il accepte de reprendre notre

Frédéric Sojcher sur le tournage d'*Hitler à Hollywood*. Photo Frédéric Remouchamps

concept, la couleur sur les acteurs principaux, pour les sublimer et jouer sur la profondeur de champ. Le producteur Hubert Toint me donne ce qu'il y a de plus précieux pour un cinéaste : la confiance en ses paris.

Ce que j'apprends

Sur le tournage. Plaisir de déléguer. Travailler avec un chef opérateur qui rend possibles mes désirs et est une source constante de propositions. Il interprète mes intentions pour les pousser plus loin. Après le tournage. Bonheur de collaborer avec un compositeur. La musique porte l'émotion.

Écriture visuelle et musicale.

Trucages

Dans *Hitler à Hollywood*, Marc Isgour, mon ami d'enfance, joue le rôle de Mac Bridge.

Marc Isgour (dans le rôle de Mc Bridge) incrusté aux côtés de Roosevelt dans *Hitler à Hollywood*

Pour créer ce personnage, je m'inspire de James F. Byrnes et de Jack Valenti.

James F. Byrnes dirige l'économie de guerre des États-Unis de 1942 à 1944 au travers de l'*Office of War Mobilization.* Secrétaire d'État de 1945 à 1947, il négocie le plan Marshall avec la France. En échange d'un prêt pour reconstruire le pays, il obtient l'ouverture des écrans français aux films américains par un système de contingentement. Il quitte la politique et devient l'avocat de la MPAA (Motion Picture Association of America, qui défend les intérêts des studios hollywoodiens).

Jack Valenti est conseiller spécial du président Johnson après l'assassinat de Kennedy, puis président de la MPAA de 1966 à 2004. « La qualité d'un film équivaut à son nombre de spectateurs », dit-il lors d'une venue en France. Mais il y a de « bons films » qui ne marchent pas. Et les films « étrangers » ne sont pas vus aux États-Unis. Pourquoi ?

Micheline Presle et Gilles Jacob dans *Hitler à Hollywood*

Mac Bridge serait au cœur du complot mené par Hollywood.

Marc Isgour se prête au jeu. Nous le filmons, grimé et en habits d'époque, pour ensuite l'incruster aux côtés de Roosevelt et de Marilyn Monroe, dans de vraies archives.

L'art des rencontres

Au côté de Micheline Presle et de Maria de Medeiros, une pléiade de personnalités du cinéma acceptent d'apparaître dans le film : des acteurs – Édouard Baer, Nathalie Baye, Marisa Berenson, Patrick Chesnais, François Morel, Bruno Solo, Jacques Weber… –, des cinéastes – Theo Angelopoulos, Manoel de Oliveira, Emir Kusturica, Volker Schlöndorff, Wim Wenders… –, l'historien Marc Ferro (spécialiste des liens entre histoire et cinéma), Frédéric Taddéï (il consent dans le film à dire le contraire de ce qu'il pense – lui, l'animateur

Wim Willaert en gros plan pour l'affiche du film : proposition refusée par la production

vedette d'une émission culturelle – fait l'éloge du formatage, affirme que les réalisateurs français devraient se soumettre à la logique télévisuelle).

Hitler à Hollywood n'est pas à Cannes. D'autres festivals le retiennent, mais ce n'est pas pareil. Même si de Karlovy Vary, je reviens avec un prix.

Karlovy Vary, c'est la ville thermale qui fait rêver bobonne Ida dans sa jeunesse.

Je vais avec le film à Venise. Section parallèle, « Venice Days », conçue pour mettre en valeur des films portés par « un regard de cinéaste » : *Hitler à Hollywood* projeté en plein air dans un jardin du Lido pendant qu'au même moment il y a un cocktail dînatoire, avec musique et brouhaha.

Les festivals internationaux de première catégorie (Cannes, Berlin, Venise) donnent du crédit aux films sélectionnés. Les autres permettent une voie d'entrée dans les pays où ils ont lieu, pour que le film y soit acheté par un distributeur. À Antalya, débat avec les spectateurs après la projection. Je parle en anglais, le directeur du festival traduit mes propos en turc. Quand je parle dix secondes, sa traduction prend deux

Autres projets refusés par le distributeur ou par Maria de Medeiros

minutes. Quand je parle deux minutes, il parle dix secondes. Il ne traduit pas ce que je dis, mais donne ses propres appréciations, ses propres réponses.

Bon accueil dans les festivals, bonnes critiques, mais frilosité des distributeurs qui attendent de voir si le public va suivre quand le film va sortir en salles en Belgique et en France… avant de s'engager.

Hubert Toint scelle un *deal* avec Paradisio : le distributeur diffuse toutes ses productions en Belgique. Paradisio sort *Hitler à Hollywood* en même temps que le dernier Woody Allen. Paradisio, spécialiste des films américains indépendants. Pour Woody Allen, Paradisio lance une campagne d'affichage dans le métro, sur les panneaux publicitaires dans les villes, partout. Pour mon film, rien. Je soupçonne Paradisio de ne s'intéresser aux productions de Toint que pour toucher la prime de soutien du Ministère pour la diffusion des films belges.

Dispute autour de l'affiche du film. Je voudrais jouer la provocation, avec le nom d'Hitler sur l'une des étoiles du « Walk of Fame », à Hollywood. Ou avoir une affiche intrigante, avec en gros plan l'air ébahi de Wim Willaert, qui joue dans mon film le chef opérateur amoureux transi de Maria de Medeiros. Refusé ! Je n'ai pas voix au chapitre.

En France, *Hitler à Hollywood* n'a accès qu'à dix salles (au lieu des cinquante annoncées par la distributrice). Le pacte entre le spectateur et le film n'est possible que si la force de frappe est suffisante. Ironie du sort, c'est le sujet de mon film.

Micheline m'accompagne aux avant-premières, dans les salles de cinéma, dans les festivals chaque fois qu'elle le peut ; elle s'engage comme jamais – c'est ce qu'elle me dit.

Être ou ne pas être

Ce n'est qu'en tournant des films, que je respire.

Isabelle : « Dix ans de souffrance pour quelques mois de bonheur. Entre la préparation, le tournage, le montage et la postproduction d'*Hitler à Hollywood*, c'est la première fois que je te vois heureux. »

Culpabilité pour les proches. Leur bousiller le quotidien, quand je suis sans le shoot de la réalisation.

Jacqueline Pierreux : « Enfin tu fais "ton" film ! », elle me prend dans ses bras. Jacqueline Aubenas m'accepte à nouveau dans son salon.

Rihoit et Truffaut

Elle me raconte sa rencontre avec François Truffaut. Ils ont un projet de film ensemble, mais il meurt.

Truffaut lui revient, souvent, en rêve.

Truffaut a mauvaise conscience. Dans *Les 400 coups*, son premier long métrage, il s'inspire de son adolescence, de la vie de sa maman avec son compagnon et son amant. Que dire et que taire ?

Flash-back

Au moment où je réalise *Cinéastes à tout prix*, Catherine Rihoit écrit *La Société de la fin du spectacle*. Je lui envoie une lettre, en passant par son éditeur. Elle répond. Nous nous fixons rendez-vous dans un café.

Affinités, par circonvolutions.

Nos retrouvailles

Ernst fait de la musique. Nous parlons de musique de films. Ce serait formidable, deux amis d'enfance qui travaillent ensemble.

Retour à Rennes

Quand je vais présenter *Hitler à Hollywood* à Rennes, aucun de mes anciens collègues, enseignants en cinéma, dans la salle. Quelques anciens étudiants participent au débat à l'issue de la projection.

L'argent

À Cannes, l'année de *Cinéastes à tout prix*, je retrouve Hubert Toint à la terrasse d'un bistrot et nous payons chacun nos cafés. Pour *Hitler à Hollywood*, rémunération de misère ; j'attends toujours ma mise en participation (un pourcentage sur les recettes et sur les financements du film).

Sans l'université, je ne pourrais pas survivre, financièrement.

Bye Bye Belgium

C'est le titre de l'émission. Les programmes interrompus, édition spéciale, même décor que le studio habituel du journal télévisé, auquel les téléspectateurs sont habitués. Le journaliste vedette de la chaîne annonce l'Indépendance de la Flandre, proclamée de manière unilatérale. En direct, des réactions d'hommes politiques des deux Communautés. Une série de reportages, de duplex, devant le Palais Royal, devant le Parlement flamand…

Plusieurs indices sont donnés aux téléspectateurs. Avant que l'édition spéciale ne commence, un carton apparaît plein écran : « Ceci n'est peut-être pas une fiction. »

Cela n'empêche pas la plupart de tomber dans le panneau. La télévision donne de la légitimation.

Sur le petit écran, les réactions à l'Indépendance autoproclamée de la Flandre sont de plus en plus improbables, au fur et à mesure que l'émission avance, pendant une heure et demi. Le Roi fuit la Belgique, des trams sont stoppés à la frontière entre Bruxelles et la Flandre…

À quel moment on décroche ? À quel moment le spectacle prend le dessus sur l'information ?

Bye Bye Belgium n'est pas une création, l'émission emprunte forme et narration au monde de la communication. Ce qui fait le cinéma, c'est le monde de l'indicible.

Crise politique

Nous sommes en 2010. Élections législatives. Course entre les partis flamands. C'est à qui défend le mieux les intérêts de la Flandre, qui est le plus intransigeant avec les francophones. Comment réunir et concilier des positions antinomiques. Une Flandre à droite autonomiste, une Wallonie majoritairement socialiste.

Des semaines, des mois, un an passe.

Des étudiants se réunissent devant des baraques à frites pour protester contre l'absence d'entente entre les partis, ils veulent une coalition à tout prix. Benoît Poelvoorde propose que les Belges se laissent pousser la barbe tant qu'il n'y a pas

Bouli Lanners, Benoît Poelvoorde et Noël Godin dans *Cinéastes à tout prix.*
Photo Frédéric Remouchamps

d'accord, il va montrer l'exemple. 541 jours sans gouvernement. Record mondial battu.

Poelvoorde ne tient pas parole. Il se rase.

Benoît Poelvoorde

Il vient à la Sorbonne. Il est à Paris pour la promotion de son dernier film, *Astérix et les Jeux olympiques*. Il est en retard. Les étudiants l'attendent. Il m'appelle sur le portable, pour me demander de préparer des verres de vodka.

Dans l'amphi bondé, sans que je ne lui demande rien, il dit de *Main basse sur le film* : s'il y a un livre à lire sur les coulisses du cinéma, c'est celui-là. Moi, du tac-au-tac : « Tu ne trouves pas qu'il faudrait adapter le livre en film ? » Lui : « Faire une comédie sur un tournage qui se passe mal ? » Moi : « Oui, pouvoir en rire. » Lui : « À condition que je joue ton rôle. » Il boit un verre de vodka, cul sec, puis un autre. Après la Masterclass, je lui demande, en aparté : « C'est une plaisanterie ? » Pas du tout, il est très sérieux, mon histoire, il veut en être. Poelvoorde, je le connais depuis *C'est arrivé près de chez vous*, le film qui le révèle à Cannes. Nous parlons cinéma, nous aimons les mêmes films, *Une sale histoire*, de Jean Eustache ; il m'offre les quatre volumes du *Quatuor d'Alexandrie* en édition originale ; Lawrence Durrell a bercé son adolescence.

Grâce à l'envie de Poelvoorde, je trouve un producteur, mais quand il s'agit de passer à l'acte, je n'arrive plus à le joindre au téléphone. Il change son numéro de portable, régulièrement. Je le trace. Dès qu'il m'entend, il abrège la conversation. Il m'envoie un texto : « Frédéric, ne m'en veux pas, j'arrête de faire du cinéma. » À la cérémonie des Magritte, un gadget promotionnel inventé pour promouvoir le cinéma belge – une copie de la cérémonie des César, qui elle-même copie celle des Oscar –, quand il me voit, il dit : « Je dois aller aux toilettes », et s'enfuit. Jamais je ne fais à quiconque pareil effet. Pour lui, j'ai la peste.

Sans lui, plus de producteur. Après son texto, Poelvoorde tourne dans dix autres films, et ce n'est pas fini. Est-il ivre quand il me dit qu'il veut tourner avec moi ? Est-ce à cause de l'équipe en Grèce (l'assistant réalisateur est son ami) ? Et à quoi cela tient, le destin ?

Le critique du *Monde*, Jacques Mandelbaum, prépare un grand article sur Poelvoorde. Il m'interroge et je ne taris pas d'éloges : « Pour moi, c'est l'un des plus grands comédiens qui soit. »

Jacques Mandelbaum n'à rien à voir avec les peintres, Arié et Stéphane Mandelbaum, ils ont le même nom, mais ils ne sont pas de la même famille.

Le rêve européen

Que les Flamands voient des films francophones, et inversement. Comme en amour. S'ouvrir à l'autre, ce n'est pas se renier. Pas d'amour sans reconnaissance, sans désir de l'autre, sans dépassement. Pas d'Europe sans rêve à partager.

Être européen, c'est être juif. Homme *et* femme. Double. Cosmopolite.

Le précurseur

Jean-Claude Batz, le producteur d'André Delvaux, est le premier à organiser, en 1963, un colloque international à Bruxelles, sur le cinéma européen. Pour lui, il s'agit d'un enjeu de civilisation : qu'il puisse y avoir plusieurs identités qui collaborent et coexistent, à travers le cinéma. Pas seulement des cinémas nationaux pour des publics nationaux et le cinéma hollywoodien pour tous.

Il ne reste rien de lui

Henry est grand, élancé et bon orateur. Au départ, il veut être acteur. Il est socialiste, il a un chauffeur, une femme à chignon avec qui il partage les mondanités. On peut facilement lui parler dans les festivals et les réceptions, mais il est intimidant, à cause de sa maladie, le diabète. Il a des problèmes à un œil, ses deux yeux ne fixent pas la même direction.

Il ne parle jamais de sa maladie, il continue à travailler jusqu'au bout. Il répond à mon mail : il veut bien venir à Paris, parler à mes étudiants. Il ne vient pas, il meurt huit jours après mon invitation à la Sorbonne. Toute sa vie il se bat pour une politique de coproductions européennes.

Maintenant qu'il est mort, plus personne ne parle de lui. Il y a bien un prix Henry Ingberg au festival du film d'amour de Mons, mais personne ne s'en soucie. Il faut écrire une biographie, en faire un personnage de roman.

Luc Besson

Autodidacte, il autoproduit son premier long métrage, crée sa maison de production, une société de postproduction, une maison de distribution, une société de ventes internationales de films, achète des salles, édifie un studio de prise de vues. Il rêve d'un cinéma européen qui concurrence Hollywood.

Il accepte de venir à la rencontre des étudiants à la Sorbonne. Un de mes collègues : « Tu es la honte de l'université, inviter Luc Besson à la Sorbonne ! » Je crois, moi, qu'il y a toute sa place, comme « sujet d'étude ».

Luc Besson arrive en moto avec deux gardes du corps qui semblent tout droit sortis d'un de ses films. Deux mètres de haut, carrure d'athlète. Le thème de l'année : « Qu'est-ce qu'une star, aujourd'hui ? » Quand un étudiant lui demande s'il se considère comme une star, il répond : « Les stars, cela n'existe pas. »

L'amphi déborde de monde et, pour des raisons de sécurité, nous interdisons l'entrée aux retardataires. Une actrice hystérique veut absolument avoir accès au « maître » et, de rage, actionne l'alarme incendie. Une sirène stridente. Un étudiant met son corps devant l'alarme, pour en atténuer le bruit. Besson continue de parler, sans y faire attention. Besson aime transmettre. Il fonde sa propre école de cinéma.

Je suis nommé professeur à la Sorbonne. Professeur c'est mieux que maître de conférences, dans la hiérarchie.

Frédéric Remouchamps pendant le tournage de *Regarde-moi*

Frédéric Remouchamps

Je le rencontre grâce à Olivier Hennebert, quand ils sont à l'armée, au département cinéma et photographie. Ils font des prises de vues des manœuvres, ils immortalisent les gradés. Je fais partie de la première génération à ne pas devoir faire le service. Armée de métier, comme un peu partout en Europe. Est-ce ce qui me manque ? Socialiser avec des personnes de tous horizons… Je ferais tout à l'époque pour être objecteur de conscience !

Frédéric et Olivier, photographes de plateau, sur mes films. Les amis comptent. Frédéric est le seul devant qui je pleure, en Grèce.

Frédéric a comme client « The Friends of Europe », une association qui organise à Bruxelles des conférences avec les politiques, les banquiers, les eurocrates… sur l'avenir du grand marché. Photos des intervenants sur le podium. Ils sont tous habillés pareil, avec une même manière de parler, de penser.

L'imaginaire ne fait pas partie de la perception du monde des technocrates qui nous gouvernent ; cet horizon, cette vision manquent.

Vases communicants

La frontière entre ce qui appartient à l'imaginaire et au réel est au cœur de ce qui fait le cinéma.

François Truffaut dit que tout film est le documentaire de son tournage. Truffaut est peut-être le plus grand théoricien du 7ème art. Son aura de cinéaste masque la puissance de sa pensée, pourtant l'une ne va pas sans l'autre.

Jean-Jacques Andrien

Il évoque le déclin industriel de Verviers dans *Australia.* Confronter la Wallonie et l'Australie, pour comprendre pourquoi une société périclite, comment une autre s'émancipe. Dans *Le Grand paysage d'Alexis Droeven*, il montre les « petits » agriculteurs confrontés aux règles européennes. S'agrandir ou périr.

La fiction, alimentée par la documentation.

Il travaille avec Yasmine Kassari, d'origine marocaine, qu'il a comme étudiante à l'INSAS. Elle est l'une des réalisatrices les plus douées de sa génération. Il insiste pour le double R, dans l'ARRF. Réalisateurs et Réalisatrices. Il rêve d'un cinéma européen qui dépasse l'Europe, d'une nouvelle Renaissance.

Il nous conseille, Marc Isgour et moi, dans les procès qui suivent le tournage en Grèce. Il ne supporte pas l'idée qu'un cinéaste puisse se faire déposséder de son film.

Adieu Török

Retraité, il vit retiré sur ses terres, dans le Cotentin. Il écrit des textes pour réhabiliter le maccarthysme, pour attaquer

André Breton, qu'il admire dans sa jeunesse. Il tient tribune sur Radio Courtoisie, qui offre son antenne aux proches du Front national et aux idées d'extrême droite. Il se met ses amis, tous ses anciens collègues à dos.

Le slogan de Radio Courtoisie : « La radio libre du pays réel et de la francophonie. » Le Front national a sur l'Europe une position proche de celle des flamingants en Belgique : le repli sur soi comme pensée salvatrice.

J'envoie à Jean-Paul Török le DVD d'*Hitler à Hollywood.* Au téléphone, il dit : « C'est un film antisémite. » Pour lui, quand on s'attaque aux Américains, on est antisémite. « Je ne m'attaque pas aux Américains », je lui rétorque. Il rit.

Je n'ose pas l'appeler, quand je deviens professeur, de peur de me prendre une nouvelle raillerie. Ne plus tendre la joue pour se faire battre. Je sais tout ce que je lui dois.

Le bûcher des destinées

Le cinéaste belge Jaco Van Dormael écrit une adaptation de Tintin pour le cinéma. Pendant des années, il y travaille. Finalement, les héritiers d'Hergé refusent de céder les droits.

Grâce à l'accord des héritiers d'Hergé, le cinéaste américain Steven Spielberg porte les aventures de Tintin à l'écran. Chez Spielberg, la « ligne claire » – le style graphique d'Hergé – se décline en 3D. Très beau travail graphique. Mais l'action prend le dessus et devient une fin en soi. La musique, présente de la première à la dernière seconde du film, indique ce que l'on doit ressentir et à quel moment. Tintin vu par Hollywood : la machine tourne à vide.

Thalys est partenaire officiel du film, des locomotives et des wagons TGV sont peinturlurés aux figures de Tintin, Milou et Haddock, entre Bruxelles et Paris.

Avant que le Thalys n'existe, Steven Spielberg a déjà le projet de réaliser un film d'après les aventures du célèbre reporter. Pierrot de Heusch, assistant réalisateur, ressemble à Tintin. Il se fait coiffer avec une houppe et envoie sa photo à Spielberg, qui ne lui répond pas. Luc Honorez en parle dans le journal *Le Soir*.

Pierrot de Heusch, je ne sais pas ce qu'il devient.

Ce qu'ils deviennent

Paul Danblon, retraité de la télévision belge. Tintinologue et mélomane, il se rêve compositeur d'opéra. Sa fille aînée, Déborah, dirige une librairie à Uccle. Sa fille cadette, Emmanuelle, enseigne la linguistique à l'université de Bruxelles. Là où mon père est professeur émérite.

Serge (le camarade d'école primaire) travaille aujourd'hui comme responsable du matériel à l'IAD (l'école concurrente de l'INSAS). Il permet aux étudiants d'avoir accès aux caméras, aux projecteurs, aux enregistreurs, aux perches, aux micros, aux rails de travelling.

Pitou (le rédacteur en chef du *Potache en boîte*) est chercheur en génétique. Il publie un article dans *Nature*.

Muriel est scripte. Scripte : noter tous les détails pour que les raccords soient bons. Elle apparaît au générique de téléfilms. CRAC, font les vertèbres du dos, sans qu'elle y touche. Comme une empreinte.

Michel Feller (mon alter ego dans *A comme Acteur*) devient agent, puis travaille pour Luc Besson, puis s'associe avec Dominique Besnehard pour créer Mon Voisin Productions.

Benoît Lamy ne tourne plus de long métrage de fiction après *Combat de fauves*. Il donne des cours de direction d'acteur à l'IAD. Il tourne un documentaire sur Noël Godin (l'entarteur). Il se fait assassiner par son petit ami (articles dans les journaux, il est dans la page des faits divers, plus dans les actualités culturelles).

Jaco Van Dormael rejoint l'Association des Réalisateurs et Réalisatrices de Films. Il en accepte la présidence d'honneur, après la mort d'André Delvaux.

Grégory (le patron du restaurant Le Grain de sel) meurt d'une crise cardiaque.

Je ne trouve pas de trace de Nadia Amara sur Internet. S'est-elle mariée ?

Hubert Toint (le producteur) réalise son premier long métrage, avec Marie Gillain dans le rôle principal. Je suis heureux pour lui.

Coralie (de Symi) est avocate, spécialiste en médiation.

Claude Royet-Journoud, Michèle Cohen, Jacques et Frédéric Sojcher à Symi

Son frère, Yves Cape, est un des plus grands chefs opérateurs. Belge à Paris.

Le père de Coralie et d'Yves, avant de tout plaquer pour aller en Grèce, est ingénieur du son pour la télévision belge.

L'écrivain et le poète

L'été. À Symi, ils sont deux à m'apprendre à nager. Le premier, Jérôme Peignot, sur le ventre. Le deuxième, Claude Royet-Journoud, sur le dos. Le premier, en maillot. Le deuxième, à poil. Le pope passe et repasse avec sa barque pour reluquer. On l'entend venir de loin. POP, POP, POP… fait le moteur. Claude et Coralie, sur les rochers, nus.

Avec Coralie, Claude ne franchit pas le pas. C'est ce qu'il m'avoue, ensuite, avec une pointe de nostalgie.

Claude, je le vois remplir des carnets. Des notes pleines de ratures. Dans ses livres, beaucoup de blancs. Quelques mots par page, disposés dans une chorégraphie de l'épure. Il intitule ces quatre livres de poésie *La Tétralogie*. Est-ce un effet comique, un contrepoint à la grandiloquence des opéras de Wagner qui portent le même titre ?

Claude méprise Jérôme, il écrit comme au XVIIIe siècle, dit-il. Jérôme ne supporte pas les airs hautains de Claude.

Pour Claude, tout se joue entre les mots.

Pour Jérôme, les phrases racontent, et la littérature est une forme d'engagement.

Pour l'un comme pour l'autre, pas un jour sans écrire. Rares, très rares sont les cinéastes qui peuvent dire : pas un jour sans filmer.

« Être cinéaste…

… c'est répondre aux aléas, c'est dépendre des autres sans se perdre dans les compromissions, conjuguer forme et sens, narration et mise en scène, c'est donner une direction, le *la*, transformer ses faiblesses en force, c'est se révéler et révéler au spectateur une part de lui-même, forcer le destin pour donner naissance au film », m'écrit François Truffaut.

Les cinéastes belges

Alain Berliner est assistant réalisateur sur *Fumeurs de charme*. Son premier long métrage, *Ma vie en rose*, sélectionné à la Quinzaine des réalisateurs, est un succès critique et public. Son deuxième long métrage, *Passion of Mind*, avec l'actrice américaine Demi Moore (avec qui il ne s'entend pas), est un échec.

Jean-Jacques Andrien ne réalise plus de long métrage de fiction depuis 1989. Il a depuis vingt ans un projet, *Le silence d'Alexandre*, qu'il rêve de tourner en Australie, avec des aborigènes. Il tourne entre-temps *Il pleut sur le grand paysage*, un documentaire avec les agriculteurs wallons qui résistent à la mondialisation.

Jaco Van Dormael est mal perçu par une partie de la critique française depuis *Le huitième jour*, parce qu'il y fait jouer à côté de Daniel Auteuil un trisomique… le prix d'interprétation qu'ils recueillent à Cannes n'y change rien.

Frédéric Fonteyne est considéré comme le cinéaste prometteur de sa génération, *Une liaison pornographique* est projeté à Venise. Ses deux films suivants ne lui permettent pas de confirmer les espoirs portés en lui. Je parle ici de manière factuelle, sans émettre de jugement artistique.

Yves Hanchar est l'étudiant de mon père. Il réalise un film avec Catherine Deneuve, Denis Lavant et Pierre Richard. Je me rappelle un festival de Mons, quand il annonce son casting, tout le cinéma belge s'affaire autour de lui. Puis, quand le film sort…

Martine Doyen, Beatriz Flores Silva, Yasmine Kassari, Bénédicte Liénard, Inès Rabadan : elles ont toutes en commun d'être femmes, cinéastes, de vivre en Belgique, d'avoir au moins réalisé un long métrage… de ne pas être reconnues comme il se doit.

Personne ou presque ne croit aux frères Dardenne comme cinéastes avant qu'ils ne réalisent *La Promesse*.

Un déclic.

Malentendus, faux pas, destins brisés. Rencontres : pour qui, comment, pour quels films ?

Histoires de cinéma

Je le vois avec mes étudiants, les cinéastes qui me bercent, ils les ignorent. Qui regarde encore les films de Marcel

Ophuls ou de Michael Powell ? Et dans cent ans, dans mille ans, qui va connaître les cinéastes d'aujourd'hui, qui va voir leurs films ?

Les cinéastes sont importants, parce qu'ils éclairent notre perception du monde.

Chaque génération trouve une nouvelle manière de se raconter. Projection et identification.

Chaque spectateur peut se rendre compte s'il est différent après avoir vu un film, s'il ressent ou non une nouvelle gamme d'émotions, s'il sort de la salle en ayant ou non l'impression de *déjà* vu, s'il s'est simplement diverti ou s'il y a *quelque chose* en plus. Ce « quelque chose », c'est la mise en scène. Quand le scénario, le jeu des acteurs, la musique… font sens.

Je t'aime, moi non plus

Une grande fierté pour Serge Gainsbourg : François Truffaut apprécie son film. Il l'affirme, *Je t'aime, moi non plus* va être étudié, plus tard, à la cinémathèque. Le film ne marche pas en salles.

Gainsbourg rêve d'être reconnu comme cinéaste. Pour lui, la chanson est un art mineur.

Je pense que le cinéma l'est aussi, mineur, si dans la hiérarchie des arts on doit considérer la pérennité des œuvres.

Little Big One

Des manœuvres sont payés pour vider le bâtiment en forme de pyramide où Little Big One a élu domicile. Faillite de la société spécialisée dans l'image de synthèse et dans la 3D. Les négatifs de *Fumeurs de charme* jetés comme de vulgaires détritus, dans une benne. C'est ce que j'apprends. Trop tard.

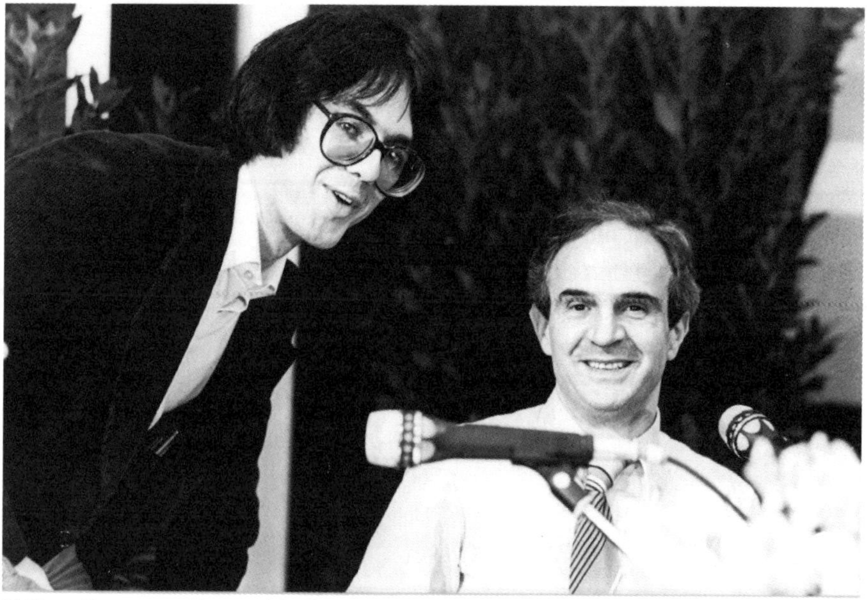

Philippe Reynaert et François Truffaut

La chambre verte

La thèse de François Truffaut, dans son film : tant qu'on pense aux morts, tant qu'il y a leurs images, ils vivent encore.

Christian Bourgois (fin)

Je ne revois plus Christian Bourgois après l'affaire Rushdie. Il meurt lui aussi.

Filigranes

Après la mort d'André Delvaux, je coordonne un livre sur lui, j'y recueille les témoignages des cinéastes qui sont ses élèves à l'INSAS.

À la librairie Filigranes, Philippe Reynaert m'interroge.

Philippe Reynaert est critique de cinéma et directeur d'un Fonds régional d'investissement dans l'Audiovisuel. Étudiant, il écrit son mémoire de fin d'études sur l'adaptation d'une nouvelle de Julien Gracq par André Delvaux.

Isabelle arrive avec notre fille, bébé, dans ses bras.

« Pa-pa-pa, pa-pa-pa ». Nastasjia me voit trois jours par semaine (je me partage toujours entre Bruxelles et Paris). Elle reconnaît ma voix. Ce sont ses premiers mots : « papa. »

Le passé au présent.

Tout se recoupe. Aaron, le papa de papa meurt à Auschwitz. Papa adolescent rêve d'être cinéaste et de vivre à Paris. Nastasjia, cela veut dire « renaissance ».

Transmissions

Chaque cinéaste est confronté aux mêmes questions de scénario, de production. Rapports avec les acteurs, l'image, l'espace, le son, la musique, le rythme. Chaque cinéaste apporte ses propres réponses.

Ce que l'on peut transmettre, ce sont les questions.

Le scénario

François Truffaut cite Alfred Hitchcock. Hitchcock n'écrit pas la plupart de ses scénarios, et pourtant son style est perceptible de film en film. À chacun des scénaristes avec lesquels il travaille, il demande : « Tell me the story. » Jour après jour, il invite ses scénaristes à lui raconter une nouvelle fois l'histoire. Par ses réactions, par ses remarques ou ses suggestions, influer petit à petit sur le récit.

Hitchcock l'affirme, ce qui compte ce sont les scènes fortes, celles dont on se souvient. Il faut broder autour. Un cinéaste peut faire un film à cause d'une scène. L'ENVIE DU FILM.

Chaque personnage poursuit son objectif.

Poser une tension dès le départ et la tenir crescendo.

Les objectifs des personnages entrent en conflit.

L'ENJEU.

De nombreux exégètes se méprennent sur la position de Truffaut face au scénario. Il côtoie des scénaristes, travaille avec eux, en fait ses principaux compères de création.

Processus d'incubation du film, cette alchimie : l'histoire portée par un regard.

La mise en scène

La mise en scène s'ébauche par strates, chaque élément compte. La mise en scène implique points et contrepoints. La mise en scène laisse dans ses interstices une place au spectateur. Le hors-champ compte autant que ce que l'on dit, que ce que l'on montre.

La faculté d'arts plastiques

Différence entre les universités qui enseignent le cinéma. Parfois, au sein d'une même université, plusieurs démarches.

À l'UFR d'histoire de l'art et d'archéologie, quand j'y suis étudiant, les cours pratiques se résument aux cours de scénario.

Dans la faculté d'Arts plastiques, le passage à l'acte fait partie de la pédagogie. Mais les ateliers sont essentiellement confiés à des chargés de cours, qui ne sont pas des universitaires titulaires. Les cours d'analyse sont donnés par les maîtres de conférence et les professeurs.

Différence entre l'université et l'école de cinéma : la première privilégie la théorie ; la seconde une approche pragmatique. Je rêve d'une alliance entre les deux.

Image

Michel Houssiau est un grand chef opérateur, il donne cours à l'INSAS. Exercice de lumière : il demande à ses étudiants de recomposer les sources des toiles de maître, de rendre les peintures vivantes, avec des acteurs.

Michel n'est pas à l'aise, caméra à l'épaule. Pour *Cinéastes à tout prix*, il propose de tout filmer en plans fixes, caméra sur pied. Il a raison, rien n'est plus beau que les cadres fixes. J'ai envie de travailler avec lui, je change totalement le dispositif avant que le tournage ne commence.

Ce n'est pas un aveu de faiblesse, faire sienne la suggestion d'un chef opérateur ou d'un acteur. Le cinéaste décide de ce qui convient ou non au film. Artistiquement. En accord avec la production, en fonction de son budget.

Dispositif

La règle de ne tourner que caméra sur pied, je l'enfreins pour deux séquences de *Cinéastes à tout prix*. Quand Jean-Jacques Rousseau fait un casting au marché de Courcelles, en accostant les passants, en leur demandant de répéter après lui des répliques absurdes. Et au moment où les trois cinéastes se rencontrent, à la Cinémathèque.

C'est pendant les repérages que nous prenons la décision. Pour ces scènes, il faut suivre l'action caméra à l'épaule.

Choisir un dispositif et ne pas s'en rendre prisonnier. Pas de règles grammaticales sans exceptions – la langue.

Montage

Sans Denise Vindevogel, je ne serais pas allé au bout de *Regarde-moi.* Nous décidons de garder des rushes ce qui est nécessaire au récit, y compris les scènes tournées contre ma volonté en Grèce. Elle sort le film des limbes.

« Voilà, voilà », elle a ce tic de langage. « Voilà, voilà », j'attrape la manie de terminer chacune de mes phrases, par cette double onomatopée.

Avoir une alliée au montage avec qui réécrire le film.

François Truffaut dit qu'il faut faire le tournage contre le scénario et le montage contre le tournage. Avoir la force d'à chaque fois repartir vierge, en fonction de ce que l'on a, en ne perdant pas la ligne d'horizon. Maîtrise et lâcher prise.

Avec *Cinéastes à tout prix*, je suis heureux d'à nouveau travailler avec Denise. À la fin du montage, dissension. Elle

Annie Cordy, Claire Nebout, Michael Lonsdale et Jean-Paul Comart dans *Vroum Vroum*

voudrait supprimer une scène, avec Benoît Poelvoorde, Bouli Lanners et Noël Godin (l'entarteur). Pour elle, cette ponctuation dans le film ne sert à rien. Pour moi au contraire, que des personnalités reconnues accordent de l'intérêt aux « cinéastes à tout prix » est fondamental. Qui a raison, elle ou moi ? Elle insiste, prend à partie le producteur. Un jour, à bout, je lui propose d'indiquer dans le générique qu'elle est monteuse du film, sauf pour cette scène. Elle abdique.

Denise monte le film sur et avec Noël Godin réalisé par Benoît Lamy, quand Benoît est assassiné. Le documentaire reste inachevé. Les complices de création sont essentiels au film, mais ils ne peuvent le mener à terme sans le cinéaste, sans son aval.

Frédéric Sojcher et Patrick Chesnais sur le tournage de *Climax*. Photo Mizue Hayashi

Son

S'il y a une révolution à venir, elle va être sonore. Tant de possibilités pour la bande-son. Tant de déphasages, de constructions avec ou contre l'image.

Gervaise Demeure est la monteuse son avec qui je travaille sur *Regarde-moi* et *Hitler à Hollywood*. Elle est foisonnante d'idées. Elle prépare le mixage, imagine les savants dosages entre dialogues, sons d'ambiances, sons seuls, bruitage.

Gervaise monte les rushes de mon film inachevé, *A comme Acteur*.

Climax

Je reviens au court-métrage entre deux longs métrages. Après *A comme Acteur*, je réalise un film de huit minutes d'après une nouvelle de l'écrivain cubain Eduardo Manet. Il est célèbre pour une pièce de théâtre, *Les Nonnes*, dans laquelle les sœurs catholiques sont jouées par des hommes. Dans le court-métrage, les hommes (Michael Lonsdale, Jean-Paul Comart) parlent avec des voix de femmes et les femmes (Annie Cordy, Claire Nebout) avec des voix d'homme. La famille est victime d'une expérimentation pharmaceutique. Tout le court-métrage se passe dans une voiture. *Vroum vroum*.

Pour convaincre de l'intérêt d'adapter *Main basse sur le film*, je réalise un court-métrage, *Climax*, avec Lorant Deutsch (qui joue le rôle du réalisateur) et Patrick Chesnais (il y interprète le rôle d'un acteur qui prend le pouvoir). Entre les prises, nous nous esclaffons.

La direction d'acteur (bis)

Quand je suis avec Patrick Chesnais ou avec Michael Lonsdale, je prends plaisir à parler avec eux. Pas seulement de nos projets communs. Lonsdale évoque Truffaut, il tourne une scène de *Baisers volés* dans son appartement de la Place Vauban, avec vue sur la Tour Eiffel. Il me parle de Dieu, il est croyant. Je suis athée. Il y a une mystique des athées. C'est parce que nous échangeons dans la vie qu'il y a entente sur le plateau. Désir. Attention. Cristallisation.

Musique

Jay Alanski, connu comme compositeur de chansons de variété française (Lio, Alain Chamfort…) accepte que je reprenne l'une de ses musiques pour *Fumeurs de charme*.

Jay compose la musique originale d'*A comme Acteur* avant le tournage. Je peux imaginer le film en fermant les yeux.

Léos Carax le contacte à l'époque de *Mauvais sang* pour qu'il compose la musique de son film, il aime ses mélodies romantiques. Puis Jay n'entend plus parler de Léos. À quoi cela tient, le mariage entre un cinéaste et un compositeur ? Si *A comme Acteur* avait été réalisé, si *Regarde-moi* avait été un succès… peut-être Jay Alanski aurait-il été contacté par d'autres réalisateurs. Une rencontre entraîne l'autre. La chance, la chance.

Vladimir Cosma visionnait le court-métrage *Climax* à la table de montage. Intimidé par sa notoriété, j'en oubliais de lui transmettre mon souhait : une musique ashkénaze. Chez lui, quand je le revois il dit : « Je pense à une musique ashkénaze. » La musique et le cinéma, organiques.

Ernst, pendant ce temps, était à Los Angeles, pour faire entendre ses bandes-démos à des producteurs de séries… Nous ne travaillerons pas ensemble.

Tout est question d'interprétation

Le chef opérateur interprète l'image du film et le hors-champ.

Les acteurs interprètent le texte et le non-dit.

La technique, la musique. Rythme. Émotions.

L'histoire trouve sa propre vie. Une nécessité.

Le cinéaste porte le souffle. Il stimule les interprétations. Il les provoque. Il les guide.

Un scénariste

Je lis un de ses scénarios, qui me décide à prendre contact avec lui. Il accepte de travailler avec moi. Il s'engage d'abord gratis sur un projet. Puis, est un tout petit peu rémunéré par un producteur (5000 euros). Je lui propose de collaborer à un autre scénario, en parallèle, pour lequel je reçois une aide au développement de 10 000 euros. Je partage avec lui l'aide.

Le premier producteur (celui du premier projet) tarde à signer un contrat. Le scénariste s'arrête de travailler sur ce scénario. Je prends contact avec un deuxième producteur (pour le deuxième projet). Il demande à lire le traitement, donne remarques et suggestions, nous fait réécrire bénévolement. Négociations pendant des mois. Au bout d'un an, les deux producteurs sont simultanément prêts à signer… Le jour où le scénariste doit aller chercher son chèque chez le premier producteur, il reçoit de lui un texto : le producteur a la grippe, il demande de déplacer le rendez-vous. « C'est la goutte qui fait déborder le vase », le scénariste me plante. Il me le dit par téléphone. Lui propose-t-on un meilleur contrat ailleurs ? A-t-il peur de se jeter à l'eau (les seuls projets pour lesquels il est crédité à ce jour sont des courts-métrages et un téléfilm, ses autres scripts ne sont pas tournés) ? Est-ce l'impression de ne pas être respecté qui lui fait jeter l'éponge ?

Il me disait « tu es exigeant ». Il me disait « c'est difficile de travailler sereinement sans être rémunéré ». Je lui répondais qu'il en parle aux producteurs. Il n'en faisait rien et je m'y employais, moi, tentant de les ménager, lui et les producteurs potentiels, pour que rien ne casse. Leur avais-je transmis mon angoisse que les films ne se tournent pas ? Ne jamais communiquer son anxiété à quiconque.

Quand il m'a annoncé qu'il me quittait, je me suis mis à crier au téléphone, ce qui ne m'arrive jamais. C'était pour moi comme une rupture amoureuse, comme si je me faisais plaquer, pas seulement sur deux scénarios, mais comme quelqu'un qu'on abandonne.

Les contraintes de production. Les aléas humains. Le film se construit à partir de ses propres impossibilités. C'est ce que j'apprends, maintenant, aux étudiants.

Les collègues théoriciens

À une commission des spécialistes dont je fais partie, un candidat domine les autres. Il a publié plusieurs livres d'entretiens avec des cinéastes célèbres, écrit plusieurs monographies avec analyses de séquences, réalisé des documentaires sur le cinéma (dont plusieurs présentés à Cannes), été producteur, distributeur, programmateur d'une salle de cinéma, été commissaire d'expositions, participé à des colloques internationaux (partout dans le monde)...

La commission choisit d'élire une jeune spécialiste d'esthétique, qui n'a pas de connaissance de la production ou des tournages et ne permettra pas aux étudiants d'établir de contacts professionnels.

Serai-je le seul praticien titulaire à l'université de Paris 1 ?

Deux visions s'affrontent. Celle des universitaires qui ne considèrent la pratique que comme un adjuvant à l'analyse et une philosophie de l'action... autre moyen de définir... le cinéma.

Un producteur

Je signe avec un producteur pour l'adaptation de *Main basse sur le film*. Un jour après la sortie en salles d'*Hitler à Hollywood*, il m'invite à déjeuner. Il me demande si je suis d'accord pour qu'un autre réalisateur s'empare du projet. Au vu des entrées d'*Hitler à Hollywood*, je ne suis pas attractif pour le marché. « Cela n'enlève rien à tes qualités de cinéaste », il précise. J'aurais tout à y gagner : de l'argent et la satisfaction que le film soit produit. « Il vaut mieux qu'il se réalise sans toi plutôt que pas du tout, non ? »

Je donne cours à la Sorbonne après le déjeuner. Ne rien laisser transparaître.

Ulcère.

Contractuellement, le producteur ne peut me dessaisir de la réalisation.

Je ne laisserai personne s'emparer de mon histoire.

Philippe Reypens

Réalisateur belge de courts-métrages, il est fasciné par les liens entre musique et cinéma. Ses courts-métrages sont remarqués. Il écrit un scénario de long métrage sur les choristes. Il l'envoie à Jacques Perrin, acteur, réalisateur et producteur. Il le rencontre à Paris. Perrin est intéressé. Mais finalement, cela ne donne rien.

Plusieurs années plus tard, Perrin produit *Les Choristes.* Grand succès public en France. Officiellement, aucun rapport entre les deux projets. Un sujet appartient à tout le monde... Philippe est le bec dans l'eau.

Philippe se lance dans l'écriture d'un nouveau scénario, *Il était une fois à l'Est.* Cette fois, il déploie sa passion pour la musique sur fond de guerre froide. Des ressortissants d'Allemagne de l'Est profitent d'un concert en Belgique pour fuir le régime communiste. Pour la première fois, Philippe obtient l'avance sur recettes. Des coproducteurs allemands sont prêts à miser sur le film. Des acteurs renommés donnent leur accord. Mais le destin s'acharne. Le producteur belge avec qui il a signé le laisse tomber. Il perd l'avance sur recettes faute d'avoir tourné son film à temps. Le producteur lui demande s'il ne veut pas vendre son scénario et qu'un autre le réalise.

Maintenant

Transformer la mécanique pernicieuse en effets vertueux. Trouver des partenaires de confiance, qui me feront confiance. Être à la hauteur. Ne pas avoir peur...

Le cinéaste contamine scénaristes, équipe, acteurs… S'épater, mutuellement.

Antoine Desrosières

Il réalise comme moi son premier court-métrage, *Made in Belgique* (cela ne s'invente pas), à 15 ans. Nous nous rencontrons à Paris (il est Français). Articles sur lui. Il est comme moi un animal de foire. Il réalise un premier long métrage à 22 ans, *À la belle étoile*. Il cite volontiers Truffaut. Rêve d'un collectif de réalisateurs, comme a pu en fédérer la Nouvelle Vague. Il se bat pour réaliser un second film, *Banqueroute*. Il veut réaliser un autre long.

Nous sommes les doyens des enfants prodigues.

Isabelle Fauvel

Je l'invite à la fac. Elle dirige une société pour accompagner le développement des scénarios. Elle dit : « À quoi reconnaît-on un cinéaste ? Le cinéaste est un malade. Un obsessionnel. Il faut une rencontre entre le projet du film et ce qui hante le cinéaste, même et surtout quand il n'écrit pas le script. »

Elle précise, à l'attention des étudiants : « Le cinéaste doit avoir un compagnon ou une compagne qui le comprenne… ou être célibataire. »

Quelle chance, d'avoir une femme qui me supporte.

En jeu

À partir de quelle connaissance puis-je filmer ? De quelle conscience vais-je accoucher ?

Le cinéma, art et industrie ? Pas seulement. Montrer un film en salles est un enjeu démocratique. Comment un regard singulier rencontre-t-il le groupe ? Quels récits dans la Cité ?

Nastasjia photographie et met en scène ses parents. Photo Philippe Reynaert

Le cinéma à la télévision, sur DVD, sur Internet, sur téléphone portable : la multiplication des écrans change-t-elle la donne ? Par cinéma, j'entends un point de vue de cinéaste, un désir à partager. « La politique des auteurs », dit Truffaut. Comment un auteur parle-t-il au plus grand nombre. Comment sortir du ghetto.

Élan

Truffaut : « Le début et la fin dans un film, c'est ce qui compte le plus. Le début, pour inviter le spectateur à entrer dans un monde imaginaire. La fin, par ce qu'elle laisse comme impression. Elle donne le sens à tout ce qui précède. »

L'élan du cinéaste devient l'élan du spectateur.

Retrouver l'esprit d'équipe, comme à l'époque de *Fumeurs de charme*. Photo Olivier Hennebert

En vie

J'ai toujours le désir d'adapter *Main basse sur le film*. Faire une comédie grand public sur un tournage où tout se passe mal. Le sujet est universel : la prise de pouvoir et la dynamique de groupe. *L'esprit d'équipe.*

J'aimerais toujours réaliser une fiction d'après la vie de Stéphane Mandelbaum.

J'ai le projet d'un documentaire avec mon père et ma fille, il s'intitulerait *L'enfant et le philosophe*. Papa transmettrait à Nastasjia tout ce qu'il ne m'a pas dit : sur la judéité, sur la philosophie. Se dépêcher, avant que ma fille ne grandisse.

Idée d'un thriller sur Internet. George Orwell version Facebook.

Jacques et Nastasjia Sojcher. Photo Frédéric Remouchamps

Idée que me propose un scénariste rencontré à un festival : une histoire d'amour entre deux passionnés de musique classique, dont l'un atteint de synopsie. La synopsie, trouble des sens qui fait voir à ceux qui en sont atteints une couleur à chaque accord musical. Comment trouver l'accord parfait ?

J'ai 46 ans aujourd'hui. Je serai cinéaste.

Remerciements

Merci à Benoît Peeters. Il a suivi toutes les étapes de ce texte et ses remarques m'ont été très utiles. Sans lui, il n'y aurait pas de livre.
Merci à Mélanie Dufour, pour sa patience et sa compétence.
Merci à Noël Herpe, il ouvre la voie d'un « Journal en ruines ».
Merci à Catherine Rihoit, je lui dois le titre, *Le fantôme de Truffaut*.
Merci à Sophie Van den Driessche pour ses commentaires. Elle se dit néophyte, c'est pour cela qu'ils m'intéressent.
Merci à Michel Archimbaud, mon frère de cœur.
Merci à José Moure, l'un des rares universitaires à s'intéresser, en France, aux liens entre réflexion et pratique du cinéma.
Merci à N.T. Binh, Emmanuel Burdeau, Virginie Guibbaud, Serge Lalou, Thierry Méranger, Tanguy Roosen, Claire Vassé… Je prends plaisir à travailler avec eux au sein du Master pro en scénario, réalisation et production de la Sorbonne… où ils ne sont pas titulaires.
Merci à Danielle Gain, mon agent. Elle défend un cinéma pour les projets et pour ceux qui les portent. L'argent est un moyen et non une fin.
Merci à Christian Clères, Bruno Deloye, Raphaëlle Desplechin, Christian Gerin, Jean-Baptiste Leclère, Frédéric Niedermayer, Thierry Serfaty, Christophe Taudière, Samuel Tilman et Arlette Zylberberg… ils me donnent envie de continuer à réaliser des films.
Merci à tous ceux qui ont permis de reproduire leurs photographies : Katina Avgouloupis, Sylvie Derumier,

Mizue Hayashi, Olivier Hennebert, Dominique Le Rigoleur, Frédéric Remouchamps, Philippe Reynaert, Marc Trivier. Merci à Jean-Paul Dorchain, de la Cinematek, la Cinémathèque Royale de Belgique. Là, où tout commence.

Du même auteur

Livres (sélection)

La Kermesse héroïque du cinéma belge, 3 volumes, L'Harmattan, coll. « Champs visuels », Paris, 1999.

Main basse sur le film, préface de Bertrand Tavernier, Séguier, Paris, 2002.

André Delvaux, le cinéma ou l'art des rencontres, Le Seuil, Paris, 2005.

Luc Besson : un Don Quichotte face à Hollywood ?, Séguier - Archimbaud, coll. « Carré Ciné », Paris, 2005.

Arte et le cinéma, le désir d'autre chose, entretiens avec Michel Reilhac, Séguier - Archimbaud, Paris, 2006.

Manifeste du cinéaste, préface de Michael Lonsdale, Éditions du Rocher, coll. « Esprit libre », Monaco, 2006.
Édition revue, actualisée et augmentée, Klincksieck poche, Paris, 2011.

Jean-Jacques Rousseau, cinéaste de l'absurde, Klincksieck - Archimbaud, coll. « Essai caméra », Paris, 2008.

Plaidoyer pour l'avenir du cinéma d'auteur, entretiens avec Michel Reilhac, Klincksieck - Archimbaud, coll. « Essai caméra », Paris, 2009.

Pratiques du cinéma, Klincksieck - Archimbaud, coll. « Essai caméra », Paris, 2011.

Films (scénario et réalisation)

Ciné Suicide, 1983, super 8, 13 min (co-réalisation, Olivier Hennebert).

Elles étaient deux, 1984, super 8, 11 min (co-réalisation, Éric Lowie ; musique, Roland Bogaert).

Coiffeur Messieurs, 1984, Beta SP, 5 min (musique, Roland Bogaert).

Karmann Ghia, 1984, 16mm, 8 min (musique, Roland Bogaert).

Fumeurs de charme, 1985, 35 mm, 11min (musique, Jay Alanski).

A comme Acteur, 1991, 35mm, 17 min (co-scénario, Patrice Lelorain ; musique, Jay Alanski).

Requiem pour un fumeur, 1992, 35mm, 7 min.

Il était une fois..., 1992, Beta SP, 2 x 13 min (musique, Jay Alanski).

Vroum Vroum, 1995, 35mm, 7 min (scénario, Eduardo Manet ; musique, Jay Alanski).

Regarde-moi, 2001, 35mm scope, 85 min (co-scénario, Jean-Luc Goossens ; musique, Jay Alanski).

Cinéastes à tout prix, 2004, 35mm, 65 min.

Climax, 2009, 35mm, 15 min (co-scénario, Olivier de Plas ; musique, Vladimir Cosma).

Hitler à Hollywood, 2011, 35mm scope, 90 min (co-scénario, Renaud Andris, Lionel Samain, Catherine Rihoit ; musique, Vladimir Cosma).

Table des matières

L'enfance 7
Un conte de fées 30
Paris 40
Du rêve au cauchemar 47
Une deuxième chance 65
La descente aux enfers 73
Une troisième chance 81
L'association des réalisateurs 90
Les Juifs belges 95
Hitler à Hollywood 100
Le rêve européen 113
Le bûcher des destinées 118
Transmissions 126
Remerciements 140

Achevé d'imprimer en juillet 2013
par Pulsio.net, France
ISBN 978-2-87449-172-6 - EAN 9782874491726
Dépôt légal : septembre 2013